Inhalt

Grundlegung 4
1. Der Mensch ist zu Höherem geschaffen 6
2. Die Welt ist ziemlich kaputt 16
3. Jesus war mehr als ein Mensch 25
4. Die Bibel hat doch recht 35
5. Jesus weiß, was Sterben heißt 48
6. Jesus ist wirklich auferstanden 59
7. Mit Jesus wird das Leben neu 71
8. Keiner muß allein bleiben 77
9. Mit dem Tod ist nicht alles aus 83
10. Es gibt viel zu tun 88
Drei Schritte zu Jesus Christus 94
Literaturhinweise 96

Grundlegung

Der Mensch tut selten etwas ohne Grund. Und das ist gut so. Sie lesen dieses Vorwort, um abzuschätzen, ob sich die Lektüre dieses Buches wohl lohnt. Ich schreibe diese Zeilen, um Sie zu gewinnen für das Großartigste und Spannendste, was es in dieser Welt gibt, nämlich Christ zu werden.
Zehn gute Gründe dafür will ich entfalten. Es gibt viele mehr. Der wichtigste und beste Grund ist Jesus Christus selbst. Wer ihn wirklich kennengelernt hat, braucht nicht noch nach anderen Gründen zu suchen.
Natürlich gibt es auch Gründe, nicht Christ zu werden. Christsein ist nicht immer die angenehmste und einfachste Sache der Welt. Ein Christ kann manche Dinge nicht mehr einfach so unbesehen tun, die er vorher für selbstverständlich gehalten hätte. Er lebt jetzt in der Verantwortlichkeit gegenüber Jesus Christus. Er kann nicht mehr autonom, selbstherrlich sein Leben leben, als gäbe es keinen Gott, der uns seinen Willen gezeigt hat. Er ist jetzt zu einem von Christus bestimmten Menschen geworden. Denn das heißt Christsein eigentlich: ein Christusmensch sein. Jemand, dessen Lebensinhalt es ist, Jesus Christus nachzufolgen.
Jesus war ein außergewöhnlicher Mensch. Wo immer er auftauchte, waren sofort Massen von Leuten auf den Beinen. Sie wollten ihn sehen. Sie wollten hören, was er zu sagen hatte. Und zu sagen hatte er viel. Vieles verstanden die Leute sofort. Anderes mußten sie erst einmal in Ruhe überdenken und verdauen. Die Hauptaussage dessen, was Jesus sagte, läßt sich so zusammenfassen: *Ändert euer Leben! Werdet neue Menschen, indem ihr das in die Tat umsetzt, was ich euch sage. Euer Leben kann eine ganz neue Richtung und einen neuen Tiefgang gewinnen. Und das ist nötig, denn sonst geht euer Leben den Bach hinunter. Ihr braucht ein tragfähiges Fundament!*
Jesus erzählte immer wieder drastische Beispiele. Er erfand sie selbst und überraschte seine Zuhörer damit, Freunde wie Kritiker. Eines lautete so:
Ein Mann baute sich ein großartiges Haus. Direkt unten am Rande des Flusses, auf das sandige Ufer. Dort boten die

Roland Werner

Zehn gute Gründe, Christ zu werden

Aussaat Verlag
Neukirchen-Vluyn

ABCteam

ABCteam-Bücher erscheinen in folgenden Verlagen:
Aussaat- und Schriftenmissions-Verlag Neukirchen-Vluyn
R. Brockhaus Verlag Wuppertal
Brunnen Verlag Gießen (und Brunnquell Verlag)
Christliches Verlagshaus Stuttgart (und Evangelischer Missionsverlag)
Oncken Verlag Wuppertal und Kassel

3. Auflage 1993
© 1990 Aussaat- und Schriftenmissions-Verlag GmbH, Neukirchen-Vluyn
Titelgestaltung: Meussen/Künert, Essen
Satz: ZERO, Rheinberg
Druck: Steinbeck-Druck, Sprockhövel
Printed in Germany

ISBN 3-7615-3426-4

Bäume, die ihre Wurzeln in das Grundwasser hinuntergetrieben hatten, angenehmen Schatten. Das Haus war toll. Man mußte nicht weit laufen, um Wasser zu holen. Es war ja direkt vor der Haustür. Oben, oberhalb des Flußtales, auf dem Felsen, baute ein anderer Mann auch ein Haus. Die Wohnlage war nicht optimal. Der Zugang war schwierig. Man mußte wegen jeder Kleinigkeit den Felsen hinauf- oder hinunterklettern. Gar kein Vergleich mit dem tollen Haus des Mannes, der unten auf der angenehmen Ebene gebaut hatte. Doch dann, erzählte Jesus, kam die jährliche Regenzeit. Die Flußbetten, die so lange trocken gelegen hatten, schwollen an mit Wasser. Wilde Fluten stürzten die Bergbäche hinunter und füllten den Fluß. Das Haus, das unten im sandigen Flußbett gebaut war, überstand nicht das erste Jahr seiner Existenz. In der Regenzeit stellte sich heraus, daß das Fundament nicht tragfähig war.

Mit dieser schockierenden Beispielerzählung schloß Jesus die berühmte Bergpredigt ab, in der er die Grundbedingungen des Lebens als sein Jünger deutlich machte (Matthäus 5-7).

Wir brauchen tragfähige Fundamente. Guten Grund. Besonders dann, wenn es um mehr geht als um ein Einfamilienhaus. Wenn es um das Leben geht.

Deshalb habe ich hier zehn Gründe aufgeschrieben, derentwegen es sich lohnt, Christ zu werden. Ich lade Sie ein, sich mit diesen Gründen zu beschäftigen, offen und vorurteilsfrei. Ob Sie sich darauf einlassen?

1. Der Mensch ist zu Höherem geschaffen

Wir bringen unsre Jahre zu wie ein Geschwätz. Unser Leben währet siebzig Jahre, und wenn es hoch kommt, so sind es achtzig Jahre.

Psalm 90,9-10

Es ist noch nicht erschienen, was wir sein werden.

1. Johannes 3,2

»Es strebt der Mensch, solang er lebt!« Selten hatte der deutsche Dichterfürst Goethe so recht wie mit diesem Satz. Der Mensch strebt nach Höherem.

Der Mensch ist unterwegs

Das Kleinkind strebt danach, allein auf beiden Beinen zu stehen. Der Fünfjährige strebt danach, in die Schule zu kommen. Der Teenager strebt nach einem Mofa, einem Skateboard, der neuesten Mode oder der ersten großen Liebe. Die junge Frau träumt von der idealen Kombination von Karriere und Kindern. Der Abteilungsleiter strebt danach, Prokurist der ganzen Firma zu werden. Der Pfarrer wäre gerne Dekan, der Dekan gerne Bischof.

Das Streben des Menschen nach Einfluß, Macht und Wissen kann viele Formen annehmen. Wissenschaft und Technik, Forschung und Bildung leben davon, daß der Mensch sich weiterentwickeln will. Der Impuls zum Fortschritt ist der Menschheit eingeimpft.

Die Frage ist natürlich, wohin das Streben geht, wohin die Entwicklung führt. Und es ist das Thema wichtiger Diskussionen, ob es Grenzen des Wachstums geben kann oder muß und ob die Entwicklung neuer technischer Möglichkeiten irgendwo eine Grenze findet. Ist alles erlaubt, was möglich ist? Wenn nein, wer hat das Recht und die Macht, die Grenzen festzusetzen? Sind alle Wege, neues Wissen und mehr Macht zu bekommen, moralisch wertneutral?

Fragen über Fragen. Aber eines steht fest: Der Mensch ist unterwegs. Er ist ständig auf der Suche. Er will seine Grenzen erweitern, will neues Land entdecken. Er ist gezogen von einer unerklärlichen Sehnsucht.

Worauf sich diese Sehnsucht richtet, das ist von Ort zu Ort und von Zeit zu Zeit unterschiedlich. Jede Generation hat ihre eigenen Ideale. Manche sind sehr hoch und mystisch wie im Mittelalter der Gral, den die Ritter suchten. Oder in der Jugendbewegung die blaue Blume, die zu finden man ein Wandervogel sein muß, wie es im Lied heißt.

Nach dem Krieg waren bei uns in Deutschland die Ziele bescheidener: ein eigenes Häuschen, ein gesicherter Arbeitsplatz, eine funktionierende Familie mit Papa, Mama und zwei Kindern (möglichst ein Mädchen und ein Junge). In der Hippiezeit war es die heile Welt der Blumenkinder: Make love, not war! Die Yuppies der achtziger Jahre waren da schon konkreter: Was lacostet die Welt? Geld spielt doch keine Rolex! — Was in den Neunzigern kommt, wird sich zeigen.

Auf der Suche nach einer besseren Welt

Der Mensch strebt. Er ist selten zufrieden mit dem gegenwärtigen Zustand. Ob er nostalgisch nach hinten schaut oder voller Hoffnungen alles von der Zukunft erwartet: Er lebt mit dem Wunsch nach einer anderen, besseren Welt. Und sehr oft wird die Suche nach dem Höheren religiös ausgedrückt.

Die Zeiten, wo Religion out war, sind ja schon längst wieder vorbei. Man ist wieder religiös. Der Mensch, so sagte ein Weiser, ist ein hoffnungslos religiöses Wesen. Er betet immer irgend etwas an. Das stimmt. Die Religionen zeigen wohl am deutlichsten von allem, daß der Mensch über diese sichtbare Wirklichkeit hinausstrebt. Daß er mehr will. Daß er irgendwie in sich weiß, daß er zu Höherem berufen ist.

Die ältesten archäologischen Funde aus der Frühzeit der Menschheit zeigen das auch. Es sind Altäre und Opferstätten oder Gräber mit Grabbeigaben, die den Verstorbenen auf dem Weg in die Welt, in der er weiterlebt, begleiten und ihm dienen sollen. Die Ahnung war schon immer da, daß es mehr gibt als nur dieses Leben. Daß der Mensch zu Höherem berufen ist als nur zu ein paar Jahren mühsamer Existenz auf dieser Erde.

Die Ansicht, daß mit dem Tod alles aus ist, ist eine Zweckbehauptung der Moderne, die aber kaum einer wirklich glaubt. Sie ist bequem, weil sie uns von der Verantwortlichkeit für unsere Handlungen befreit. Wenn mit dem Tod alles aus ist, dann haben wir nur diese Welt. Und dann gibt es — außer den Mitmenschen — keine Instanz, die uns zur Rechenschaft ziehen kann. Dann hatte ein Hitler recht, der versucht hat, die Welt zu beherrschen und selbstsüchtig nach seinen Wünschen und Wahnideen zu gestalten, und der dann, als der Traum aus war, sich einfach durch Selbstmord aus der Affäre zog. Dumm ist demnach, wer versucht, moralisch zu leben, verantwortlich zu sein und sich für Dinge einzusetzen, die ihm nicht direkt im Hier und Heute etwas nützen.

Konsequenzen unseres Weltbildes

Die Bibel behauptet jedoch von der ersten bis zu letzten Seite, daß der Mensch zu Höherem geschaffen ist. Daß er mehr ist als nur ein Zufallsprodukt, eine Absurdität am Rande eines leeren Kosmos. Denn das ist die Alternative: der absurde Mensch. Absurd, weil er sich so ernst und wichtig nimmt, wo er doch völlig unwichtig und überflüssig ist, eine lächerliche Variante der Evolution, eine Zufälligkeit, die sich zu allem Überfluß noch für das Zentrum der Welt hält, nicht mehr wert als eine Ameise, eine Bakterie oder ein Kieselstein. Kein Mensch glaubt das in der Tiefe seines Herzens. Jeder nimmt sich selbst ungeheuer wichtig.
Und doch ist das die logische Konsequenz einer materialistischen Weltsicht, eines Weltbildes ohne Gott. Nur wenige denken konsequent zu Ende, was das eigentlich für das Menschsein bedeutet, wenn wir nur eine Spielart der Evolution sind.
Hier aber steckt für viele das eigentliche Problem mit unserer These: Der Mensch ist zu Höherem geschaffen. Denn das haben wir im Biologieunterricht anders gelernt. Der Mensch ist nicht geschaffen, sondern hat sich in Millionen von Jahren währenden Prozessen aus einem Urstoff heraus entwickelt.
Irgendwie geschah das mathematisch völlig Unwahrscheinliche: Aus dem Ur-Etwas wurde unbelebte Materie, aus der

unbelebten Materie irgendwie spontan lebendige Materie, aus der sich ein unüberschaubarer Reichtum von pflanzlichem und tierischem Leben entwickelte, und zuletzt der Mensch, dieses zufälligste Zufallsprodukt, der über diese ganzen Prozesse nun nachdenken und gelehrte Bücher schreiben kann. Gott brauchen wir nicht. Schöpfung ist unnötig. Sinn und Ziel gibt es in diesem ganzen Prozeß nicht.
Letztlich, im tiefsten, ist das Leben absurd. Das war auch die These der Existentialisten in der Mitte unseres Jahrhunderts. Der Mensch ist absurd. Er hat keinen Sinn. Er bewegt sich auf nichts hin. Das Grab oder das Feuer, der Zerfall der Körperstruktur ist der Schlußpunkt unter einem leider oft miserablen Dasein. Es ist alles sinnlos gewesen: die Hetze, die Arbeit, der Streß, die Anteilnahme an anderen (denn die vergehen ja auch), der Einsatz für den Frieden, die Vorsorge für die Zukunft, das ökologische Bewußtsein.

Sinn oder Wahnsinn?

Eine Welt ohne Gott ist eine Welt ohne Sinn, ohne Ziel, auch ohne bleibende Freude. Die Absurdität macht das Leben für zartere Gemüter unerträglich. Der sauberste Ausweg ist dann der Selbstmord: Schluß mit einer Existenz, die man nicht gewollt und nicht gesucht hat. Weg mit allen Illusionen, als gäbe es irgendwie doch noch ein Happy-End. Schluß mit allen Träumen von einem Paradies, einem Weiterleben nach dem Tod.
Weil Gott tot ist, wie Nietzsche verkündete, ist auch der Mensch tot. Schluß also mit der Illusion, der Mensch wäre etwas Besonderes. Weil er es nicht ist, ist konsequenterweise alles erlaubt: Genmanipulation, Euthanasie von minderwertigem Leben, Massenvernichtung unerwünschter Rassen, Vergewaltigung, Menschenraub, Sklaverei. Es gibt kein Gut und kein Böse, keine höhere Instanz, die uns beurteilt.
Nur wenige Menschen glauben dies wirklich. Aldous Huxley war einer von denen, die sich bewußt für diese Weltsicht entschieden haben. In einem bemerkenswerten Abschnitt in »Ends and Means« schreibt er:
»Ich hatte meine Motive dafür, daß ich es wollte, daß die Welt

keinen Sinn hat, folglich nahm ich an, daß sie keinen Sinn hat, und war ohne Schwierigkeit in der Lage, befriedigende Gründe für diese Annahme zu finden. Der Philosoph, der in der Welt keinen Sinn entdeckt, beschäftigt sich nicht ausschließlich mit einem Problem in der reinen Metaphysik. Ihm geht es auch darum zu beweisen, daß es keinen stichhaltigen Grund gibt, warum er persönlich nicht das tun sollte, was er will, oder warum seine Freunde nicht die politische Macht ergreifen und auf die — in ihren Augen — vorteilhafteste Art und Weise regieren sollten . . . Für mich selbst war die Philosophie der Sinnlosigkeit wesentlich ein Instrument der Befreiung, in sexueller und politischer Hinsicht« (Ends and Means, Seite 270ff).

Nur wenige Vordenker der Moderne haben so offen ihre Motive dafür dargelegt, die Welt ohne Gott denken zu wollen.

Der Mensch: Zufall oder Schöpfung?

Ich denke, daß es letztlich nur diese beiden Möglichkeiten gibt: Entweder existiert Gott, die Welt hat ein Ziel, der Mensch ist von ihm geschaffen, und sein Leben ist wertvoll, bedeutsam und sinnvoll; oder Gott existiert nicht, die Welt ist ein Zufall der unpersönlichen Entwicklung, der Mensch ist eine im Grunde bedeutungslose Sonderform des Lebens, der zu allem Unglück und Überdruß noch das Pech hat, seine eigene Sinnlosigkeit und Absurdität zu begreifen.

Der erste Satz des christlichen Glaubensbekenntnisses steht dieser pessimistischen Sicht vom Menschen und der Welt genau entgegen: »Ich glaube an Gott, den Schöpfer des Himmels und der Erde.«

Nun ist es nicht meine Absicht, pro oder kontra Evolution zu sprechen. Auch unter Christen sind die Ansichten völlig unterschiedlich, wie die ersten Kapitel der Bibel zu verstehen sind. Ist hier poetische Redeweise benutzt? Oder ist es eine Art journalistischer Bericht oder eine wissenschaftliche Abhandlung?

Ich persönlich glaube nicht, daß in den ersten Kapiteln der Bibel eine wissenschaftliche Beschreibung der Schöpfung gegeben werden soll. Aber meine Ansicht ist hier zweitrangig.

Wie die Schöpfung vor sich ging, bleibt uns verborgen.
Die eigentliche Frage aber ist nicht die, wie die Welt entstanden ist (plötzlich oder in riesigen Zeiträumen), sondern wer dahintersteht: Ist das Universum leer, ein schwarzer, gähnender Abgrund über dem Nichts, oder ist es, und in ihm der Mensch, hervorgegangen aus dem Willen eines persönlichen Gottes, des »Schöpfers des Himmels und der Erde«?
In beiden Fällen handelt es sich um Glaubenssätze: Schöpfung aus der Hand Gottes oder zufällige Entwicklung aus sich selbst heraus. Beides ist für uns Menschen mit unseren Mitteln letztlich nicht beweisbar. Denn wir sind gefangen in Raum und Zeit, und keine unserer philosophischen Überlegungen oder wissenschaftlichen Meß- und Forschungsmethoden kann uns verläßliche Auskunft darüber geben, was außerhalb, jenseits, vor und nach Raum und Zeit ist. Beides, Glaube an Gott und Leugnung Gottes, ist wissenschaftlich nicht beweisbar. Gott ist größer, als daß wir ihn fassen könnten. Und doch ist er nahe.

Der Mensch: Gottes Ansprechpartner

Der Mensch ist zu Höherem geschaffen. Er soll nicht bei den vorletzten Zielen steckenbleiben. Sein Leben braucht sich nicht zu erschöpfen im Jagen nach Geld, Erfolg, einem Eigenheim, einer gesellschaftlich angesehenen Stellung. Er ist berufen, Gegenüber, Ansprechpartner Gottes zu sein.
Das ist die alles revolutionierende Botschaft der Bibel: *Gott schuf den Menschen zu seinem Bilde, zum Bilde Gottes schuf er ihn; und er schuf sie als Mann und als Frau* (1. Mose 1,27).
Der biblische Schöpfungsbericht beschreibt die Sonderstellung des Menschen innerhalb der Schöpfung. Auf der einen Seite ist er vom Staub genommen, aus dem Erdboden geformt, aus der leblosen Materie, wie die anderen Lebewesen. Er steht in einer Linie mit ihnen. Auf der anderen Seite hat Gott ihm den Lebensodem eingehaucht, hat ihn herausgesondert aus der Masse der Lebewesen, damit er sein Gegenüber sei.
Das ist die Doppelstellung des Menschen: Wir gehören auf der einen Seite ganz in die Reihe der anderen Lebewesen. Viele

der Merkmale unseres Lebens finden wir bei den Tieren wieder. Und doch gehören wir auch auf die Seite Gottes. Nicht, weil wir Menschen in uns selbst etwas Besonderes wären, sondern weil Gott uns, Frauen und Männer, Eva und Adam, angesprochen und gerufen hat, seine Partner zu sein. Gott will mit uns kommunizieren. Er will seine Aufgaben und Vollmachten mit uns teilen. Er will uns Verantwortung übergeben für die Welt. Adam und Eva sollen die Erde bebauen und bewahren (1. Mose 2,15). Der Mensch ist nach Aussage der Bibel zu Höherem geschaffen. Und irgendwie wissen das alle Menschen, auch wenn ihre persönliche Lebensphilosophie einen Glauben an Gott ausschließt. Auch sie haben Werte, Ideale, Moralvorstellungen. Sie kommen nicht davon los, Menschen mit höheren Zielen zu sein.

Geschaffen zur Gemeinschaft mit Gott

Der Kirchenvater Augustinus hatte, bevor er Christ wurde, auf viele Weisen versucht, sein Leben sinnvoll zu gestalten. Er war auf der Jagd nach Wissen, nach Vergnügen, nach Erfolg und Berühmtheit. Schließlich erkannte er, daß die meisten seiner Lebenswege in Wirklichkeit Sackgassen waren. Als Christ schrieb er in späteren Jahren eine geistliche Autobiographie — übrigens eine der ersten echten Autobiographien der Weltliteratur. In diesen *Confessiones* (Bekenntnissen) beginnt er seine Lebensgeschichte mit den berühmten Worten: *Zu dir hin hast du uns erschaffen. Und unruhig ist unser Herz, bis es zur Ruhe kommt in dir.*
Das ist der erste Grund, Christ zu werden: Wir sind zur Gemeinschaft mit Gott geschaffen. Wir sind dazu geschaffen und gerufen, in Beziehung zum Schöpfer zu leben.

Gerufen zum Leben in Beziehung

Das ganze Leben besteht aus Beziehungen. Wer keine Beziehungen hat, geht ein. Die Bibel sagt uns, daß wir in einer vierfachen Beziehung stehen:
Die erste ist die Beziehung zur Außenwelt, zur Welt der Objekte, Gegenstände: Universum, Erde, Tiere, Pflanzen, leblose Dinge und so weiter.

Die zweite Beziehung ist die Beziehung zu den anderen Menschen. Wir brauchen die anderen, so wie die anderen uns brauchen. Ohne Gespräche, ohne Freundschaft und Partnerschaft wird das Leben unerträglich. Wer als Kind nicht angesprochen, herausgefordert, mit Liebe angenommen wird, verkrüppelt seelisch. Wohin solche Vernachlässigung führen kann, wurde in den letzten Monaten in den erschütternden Bildern aus rumänischen Kinderheimen wieder einmal deutlich.

Die dritte Beziehung ist die Beziehung zu uns selbst. Jeder Mensch hat ein Ichbewußtsein. Er kann sich selbst beobachten, korrigieren, überprüfen. Er kann sich annehmen oder ablehnen. Und bei vielen Menschen ist die Beziehung zu sich selbst aufgrund negativer Erlebnisse in der Kindheit entscheidend gestört. Viele Menschen sind sich selbst entfremdet.

In einem gewissen Grade gilt das für uns alle seit dem Sündenfall. Unser Verhältnis zur gegenständlichen Außenwelt, zu den anderen Menschen und zu uns selbst ist gestört. Aber vor allem gilt das für die vierte Beziehung: Die Beziehung zu Gott.

Viele versuchen, ihre Erfüllung im Ausbau der drei innerweltlichen Beziehungen zu finden. Sie streben danach, die Objektwelt zu besitzen, zu beherrschen. Sie wollen immer mehr wissen, sehen, ergreifen. Sie scheuen nicht vor Manipulationen zurück, um Macht über die Welt zu gewinnen. Sie wollen uneingeschränkte Herrscher in der Welt sein.

Andere suchen ihre Erfüllung in zwischenmenschlichen Beziehungen. Sie denken: »Wenn ich nur einen Menschen hätte, dann hätte mein Leben einen Inhalt!« Wenn aber der Partner sich von einem trennt oder stirbt, bricht dann die ganze Welt zusammen. Man lebte nur in der Beziehung zum anderen Menschen.

Noch andere suchen die Erfüllung allein in sich selbst. Selbstverwirklichung, Erweiterung des Bewußtseins, Tun, was einem selbst Spaß macht, ohne Rücksicht auf Verluste.

Jesus zeigt, was Menschsein heißt

Und doch werden wir erst dann wirklich zu Menschen, wie wir gemeint sind, wenn wir auch die Beziehung zu Gott wieder aufnehmen. Das ist der erste Grund, Christ zu werden. Denn nur durch die Beziehung zu Jesus Christus kann unsere Beziehung zu Gott wieder geheilt und neugeschaffen werden. Jesus zeigt uns, wozu wir Menschen geschaffen sind. Im Leben Jesu sehen wir ein vollkommenes Abbild dessen, wie wir alle gemeint waren.

Unsere eigenen Lebensentwürfe sind zu klein. Sie tragen nicht auf Dauer. Erfolg, Gesundheit, Karriere, Eigenheim, ein glückliches Familienleben sind alles gute Dinge. Aber sie sind vergänglich. Der Mensch aber ist für die Unvergänglichkeit geschaffen. Mit dem Tod ist nicht alles aus. Wir sind zu Höherem geschaffen.

Hinter unserer Sehnsucht nach der heilen Welt, nach Harmonie, nach bleibender Freude und Erfüllung steht das tiefe Wissen, daß es all dies tatsächlich gibt. Nur ist es für uns unerreichbar, wenn nicht Gott selbst uns den Weg dahin zeigt. Dafür ist Jesus Christus gekommen. Und dafür allein schon lohnt es sich, Christ zu werden.

Das Angebot bleibt bestehen

Die Beziehung zu Gott ist keine Forderung, die Gott an uns stellt. Sie ist vielmehr ein Geschenk. Das erste Gebot drückt das unübertreffbar aus: *Ich bin der Herr, dein Gott!* (2. Mose 20,2). Gott, das ewige Ich, öffnet sich für uns. Er redet uns an: Du! Ich will dein Gott sein. Ich rufe dich in eine ausschließliche Beziehung zu mir: *Du sollst keine anderen Götter neben mir haben!* (2. Mose 20,2-3).

Nichts soll dich mehr beherrschen. Nichts Hohes und nichts Niedriges, nichts Materielles und nichts Ideologisches. Du Mensch bist zu Höherem geschaffen, als Gegenstände, Ideen, Gedanken oder deinesgleichen anzubeten. Ich will dich auf meine Ebene emporziehen. Du sollst mir Gegenüber werden. Die Kluft, die zwischen dir und mir war, habe ich in Jesus selbst überbrückt. Jetzt ist der Weg frei, zurückzukehren in die Beziehung zu mir.

Daß Gott existiert, daß er der Schöpfer der Welt ist und uns zu seinem Ebenbild geschaffen hat, ist mehr als Grund genug, Christ zu werden. *Denn wer zu Gott kommen will, muß glauben, daß er ist und daß er die, die ihn suchen, beschenken wird* (Hebräer 11,6).

2. Die Welt ist ziemlich kaputt

Wir wissen, daß die ganze Welt im Machtbereich des Bösen liegt. 1. Johannes 5,19

Homo homini lupus. — Der Mensch ist des Menschen Wolf.
Römisches Sprichwort

Hier brauchen wir uns wahrscheinlich nicht zu streiten. Fast jeder gibt zu und beklagt sich darüber, wieviel in der Welt kaputt ist. Ich schreibe diese Zeilen in Kairo, einer der vielen Großstädte in der Dritten Welt, die völlig aus den Nähten platzen. Obwohl hier sehr viel Reichtum zu sehen ist (bei den wenigen oberen Zehntausend), gibt es zumindest ebensoviele bitterarme Menschen.

Eine kaputte Welt

Vor ein paar Stunden sah ich auf der Straße einen verkrüppelten jungen Mann. Seine Beine sind wohl durch Kinderlähmung unbrauchbar geworden. So robbte er sich nur mit den Armen über eine verkehrsreiche Straße. Unter die Knie hatte er sich Pappkartons gebunden, um sie so ein wenig zu schützen. Achtlos gehen alle vorbei. Kein Rotes Kreuz ist da, um ihm zu helfen, auch kein Roter Halbmond. Die Welt ist ziemlich kaputt.
Es gibt sie: bittere Armut in einer Welt, die reicher ist und mehr technologische Möglichkeiten hat als je zuvor. Warum gelingt das Teilen nicht? Warum haben die einen zuviel und die anderen zuwenig? Warum sind viele, die alles haben, so unzufrieden und des Lebens überdrüssig?
Da fliegen sie flugzeugevoll nach Thailand. Dort ist ja alles billiger. Ein Mädchen, einen Jungen kann man schon für wenige Dollar haben. Die sind ja froh, wenn sie sich was verdienen. Und außerdem braucht unsereins ja auch mal ein wenig Entspannung bei all dem Streß in der Firma. Warum auch nicht? Die haben sicher auch ihren Spaß dabei. Sonst würden sie es ja nicht machen, die zehn-, elf-, zwölfjährigen Mädchen und Jungen in Bangkok und anderswo. Oder? —

Die Welt ist ziemlich kaputt.
Gestern las ich in einer Zeitschrift: Vor wenigen Wochen wurde ein älteres amerikanisches Ehepaar in Liberia ermordet. Sie lebten seit 25 Jahren dort als Bibelübersetzer. Frucht ihres Lebens, ihrer gemeinsamen Arbeit ist die Übersetzung des Neuen Testaments in drei afrikanische Sprachen. Aufgrund ihres Einsatzes und ihrer Mühe können nun mehr als 600.000 Menschen das Neue Testament in ihrer Muttersprache lesen. Das Missionarsehepaar freute sich schon auf den gemeinsamen Ruhestand. Endlich Zeit füreinander haben. Endlich ausruhen von all der Mühe und Arbeit. Einmal das tun, wozu man sonst nie Zeit hatte, weil die Arbeit einen aufzufressen drohte. Und jetzt sind sie ermordet worden. Ohne Motiv noch dazu. Einfach so. Warum? Die Welt ist ziemlich kaputt.
Menschen unterdrücken Menschen. Begründungen werden leicht gefunden. Die Hautfarbe des anderen ist anders als die eigene. Die Lebensauffassung verschieden. Oder es wird einfach erklärt, die anderen hätten keine Seele. Und außerdem seien sie noch nicht in der Lage, eigene Entscheidungen zu treffen.
Ein Armer sitzt vor der Haustür. Er hat nichts zu essen. Drinnen im Haus werden die heißesten Feten gefeiert. Es gibt nur Delikatessen. Das Feinste vom Feinen. Die Hunde dürfen natürlich auch nicht fehlen. Es macht Spaß, ihnen die Leckerbissen zuzuwerfen. Nur auf den Tisch springen dürfen sie nicht. Wenn sie geduldig warten, kriegen sie schon mal was von den Abfällen ab. Lazarus vor der Tür übrigens auch. Wir sind ja schließlich keine Unmenschen. Wir haben auch unser soziales Bewußtsein. Die Welt ist wirklich ziemlich kaputt.
Da hat einer eine andere Meinung als die Regierung. Er ist ein politisch Andersdenkender. Nicht nur das, er glaubt sogar an Gott! Das ist in unserem modernen, aufgeklärten, atheistischen Staat fast schon gemeingefährlich! Er könnte mit seinem Wahn ja andere anstecken, zum Beispiel Kinder. Wir sollten ihn direkt in eine sichere Anstalt stecken. Am besten in eine psychiatrische. Da kann er keinen Schaden mehr anrichten. Und außerdem wird er fachgerecht betreut.
Daß Härten für seine Frau und seine Kinder entstehen, läßt

sich wohl nicht vermeiden. Und sie wird auch nicht so ganz unschuldig sein an der konterrevolutionären Haltung ihres Mannes. Sie soll nur froh sein, daß wir sie nicht gleich mit einkassieren und die Kinder in ein Waisenheim geben, wo sie endgültig ihrem Einfluß entzogen sind und im Sinne unseres modernen Staates erzogen werden. Denn alles muß ja dem Fortschritt dienen! Der Mensch ist ziemlich kaputt.

Es ist Urlaubszeit. Ein Patient wird in der Notaufnahme eingeliefert. Er ist schon alt. Die Angehörigen bringen ihn. Opa, mach dir keine Sorgen, das wird schon wieder! Und weg sind sie. Was ist denn passiert, wollen die Ärzte wissen. Das weiß er selbst nicht genau. Ich stand noch im Geräteschuppen und suchte nach einem Spaten, da kamen die Kinder und sagten: Du mußt jetzt ins Krankenhaus. Aber ich fühle mich gar nicht krank!

Die Untersuchung ergibt auch nichts Besonderes. Am nächsten Morgen steht fest: Der Patient kann wieder entlassen werden. Die Kinder werden angerufen, sie könnten ihren alten Vater wieder nach Hause holen. Doch da meldet sich niemand. Denn sie sind inzwischen schon für drei Wochen in den Urlaub gefahren. Der Opa ist ja gut versorgt.
— Auch diese wahre Geschichte zeigt: Unsere Welt ist ziemlich kaputt.

Ich bin kaputt

Doch es ist leicht, immer mit dem Finger auf andere zu zeigen. Viel schwerer ist es, sich selbst und anderen einzugestehen: Ich bin kaputt. Ich bin nicht so, wie ich sein sollte. Ich brauche Hilfe, Erneuerung, neue Kraft. Das Gute, das ich tun sollte, sehe ich wohl. Aber ich tue doch oft das, was ich eigentlich nicht will.

Jesus hat diesen Tatbestand mit dem fast witzigen, zugespitzten Gleichnis ausgedrückt: *Warum siehst du den Splitter im Auge deines Bruders, aber den Balken in deinem eigenen Auge siehst du nicht? Wie kannst du zu deinem Bruder sagen: Halt still, ich will dir den Splitter aus deinem Auge ziehen!, wo doch ein Balken in deinem eigenen Auge ist?* (Matthäus 7,3-4). Genau da hapert es nämlich bei uns.

Bekannt, zumindest in der angelsächsischen Welt, ist der folgende Vorfall. Eine große englische Zeitung hatte die Leserschaft aufgefordert, sich zu der Frage zu äußern: What is wrong with the world? Lange Aufsätze wurden geschrieben, gelehrte und weniger gelehrte Analysen erstellt. Es gab große Diskussionen. Eine Zuschrift an die Zeitung jedoch wurde berühmt. Eine Karte flog ins Haus. Darauf stand: What is wrong with the world? I am. Yours truly G.K. Chesterton. — Der Mann hat verstanden, was Jesus sagte. Was ist an der Welt nicht so, wie es sein sollte? Ich bin es.

Ein Arzt nur für Kranke

Und das ist der Grund, warum wir Christen werden müssen. Denn alleine, ohne die Hilfe und Kraft Christi, können wir uns nicht ändern. Erst wer das in der ganzen Tiefe verstanden hat, wird verstehen, warum Jesus als Erlöser gekommen ist, der *sein Volk erlösen wird von ihren Sünden* (Matthäus 1,21). Nur die Kranken brauchen den Arzt. Wer sich aber selbst für gesund hält, wird das Hilfsangebot des Arztes ausschlagen.
Ich hatte das Vergnügen, meine höhere Bildung in einem humanistischen Gymnasium zu genießen. Natürlich waren wir damals noch eine reine Jungenschule. Neun Jahre Latein, fünf Jahre Griechisch, fünf Jahre Englisch, zwei Jahre Hebräisch (das war allerdings Wahlfach).
Die römisch-griechische Geschichte nahmen wir gleich mehrmals durch. Früh wurden uns die klassischen Ideale eingepaukt, als seien sie die größten Weisheiten der Welt. Das sollte unser Ziel und unsere Lebensgrundlage sein: das griechische Ideal des *kalos k'agathos,* des »Guten und Schönen«. Auch die Römer kamen dran: *mens sana in corpore sano* — »Ein gesunder Geist in einem gesunden Körper«.
Vergil, Ovid, Homer, Sallust, Platon, Sokrates und wie sie alle hießen; später kamen dann noch Goethe und andere heimatnähere Weise an die Reihe. Und hinter allem die Hoffnung: Durch Bildung wird der Mensch edel, hilfreich und gut. Wenn nur jeder diese Bildung erfahren könnte, dann wäre der Welt schon geholfen.
Leider brach dieses Ideal zusammen, als es in der Abitur-

klasse zu einem riesigen Streit zwischen Klasse und Lehrern kam. All die Bildung hatte uns nicht gelehrt, miteinander in Frieden zu leben, den anderen wirklich zu achten, zu ehren und zu lieben. Der Bankrott unserer Schulphilosophie stand jedem, der es sehen wollte, deutlich vor Augen.

Eigentlich hätten wir, Lehrer und Schüler, es schon längst besser wissen müssen. Denn das Grundproblem der Welt ist nicht die mangelnde Bildung, so wichtig eine gute Ausbildung auch sein mag. Das Grundproblem ist das, was die Bibel Sünde nennt.

Das Grundproblem: Sünde

Sünde, das ist die furchtbare Tatsache, daß wir Menschen zum Bösen geneigt sind, obwohl wir das Gute kennen. Und keine Bildung hilft uns dagegen. Gerade wir Deutschen, das Volk der Denker und Dichter, wurden, verführt von der Massenmanipulation eines von bösen Geistern getriebenen selbsternannten »Führers zum Heil«, in kürzester Zeit zum Volk der Henker und Richter. Alle Bildung half nichts, sondern höchstens dazu, den Massenwahnsinn noch perfekter zu gestalten. Es ist eine höchst fatale Illusion, daß ein bißchen guter Wille, ein bißchen Bildung und ein wenig Zusammenarbeit die Welt retten könnten. Das Problem liegt viel tiefer. Jesus hat das sehr deutlich gesagt, auch wenn es vielen nicht paßt: *Das Böse kommt aus dem Herzen des Menschen* (Markus 7,21).

Schuld sind immer die anderen

Es ist seit längerem modern, die Schuld für alles auf die Gesellschaft abzuschieben. Der Mensch kann es nicht ertragen, zur Rechenschaft gezogen zu werden. Er will sich selbst immer aus der Affäre ziehen. Schuldabschiebung scheint der einfachste Weg, die Schuld loszuwerden.

Das ist schon Adam im Paradies eingefallen: *Die Frau, die du mir zugesellt hast, gab mir von dem Baum, und ich aß* (1. Mose 3,12). Mit anderen Worten: Ich selbst bin gar nicht schuld. Wenn hier jemand etwas schuld ist, dann meine Frau, die Eva. Und letztlich du, Gott, weil du sie mir ja schließlich gegeben hast.

Aber gerade das ist ein Teil der Kaputtheit der Welt. Niemand will Verantwortung übernehmen. Die Worte: Ich habe falsch gehandelt. Es tut mir leid, bitte vergib mir!, gehören zu den schwierigsten auf der Welt. Und doch könnte so viel Kaputtes dadurch geheilt werden:
Zerbrochene Ehen, wo das Gespräch längst eingefroren ist, Beziehungen zwischen ehemaligen Freunden, die sich zerstritten haben, das Zusammenleben von verschiedenen Völkern und Rassen. Die Welt ist im Innersten kaputt, auseinandergebrochen. Wir sind aus der Bahn geworfen worden durch Sünde.
In der Bibel wird oft über dieses unangenehme Thema gesprochen. Denn eine echte Heilung kann erst dann erfolgen, wenn die Diagnose klar ist. Verschiedene Begriffe beschreiben in der Bibel, was Sünde ist.

Sünde ist Übertretung

Das wird in dem Bericht von der ersten Sünde des Menschen deutlich. Gott hatte den Menschen mit Verantwortlichkeit, mit Freiheit und allem, was er brauchte, beschenkt. Er hatte ihm viele Vollmachten gegeben: Er sollte stellvertretend für ihn herrschen über Tiere, Pflanzen und alles, was in der Welt ist. Er sollte als Bevollmächtigter Gottes verantwortlich mit der Welt umgehen. Aber er war nicht allmächtig. Gott hat seinem Handlungsspielraum Grenzen gesetzt.
Und genau hier rebellierten die Menschen. Sie wollten *sein wie Gott*. Sie wollten keine Grenzen anerkennen. Und so überschritten sie mutwillig die Grenze, die Gott ihnen gesetzt hatte.
Das ist die Ursünde von uns Menschen. Wir leben in einem Größenwahn. Wir haben Gott aus dem Zentrum gerückt und uns selbst dorthin gesetzt. Die Folgen dieser Selbstüberhebung sind überall zu sehen.

Sünde ist Zielverfehlung

Das ist ein weiteres Wort, das im Neuen Testament für Sünde gebraucht wird. Es taucht ursprünglich bei Homer auf und meint dort das Danebenschießen eines Pfeiles. Er hat sein Ziel

nicht erreicht. Knapp daneben ist auch daneben.
Auch das ist Sünde: Wir erreichen nicht das Ziel, das Gott uns gesetzt hat. Er hat uns aufgetragen, ihn zu lieben — von ganzem Herzen, von ganzer Seele und mit all unserer Kraft — und unseren Nächsten wie uns selbst. Und obwohl wir das dem Verstand nach bejahen, setzen wir es nicht in die Praxis um. Wir verfehlen Gottes Ziel für unser Leben. Ja, wir erreichen meist noch nicht einmal unsere eigenen Ziele. Wenn wir uns selbst ehrlich beurteilen nach den Maßstäben, die wir an andere Menschen anlegen, merken wir, wie weit wir dahinter zurückbleiben. Zielverfehlung: Das ist das Merkmal vieler Dinge in unserem Leben.

Sünde ist Bruch der Gemeinschaft

Gottes Beziehung zu uns baut auf Treue auf. Er hat uns das Leben geschenkt, er hat uns die Erde anvertraut. Er hat uns mit vielen Gaben und Fähigkeiten ausgestattet. Er hat den Gedanken der Ewigkeit in unsere Herzen gelegt. Durch das Gewissen wissen wir, daß es ein Gut und ein Böse, ein Richtig und ein Falsch gibt.
Wir wissen, daß Gott uns zu sich ziehen will. Und doch wenden wir uns von ihm ab. Wir sind ihm untreu geworden. Im Alten Testament vergleichen die Propheten die Sünde des Volkes Israel oft mit dem Ehebruch. Gott hatte Israel vor allen Völkern auserwählt. Er hatte ihnen seine Gebote gegeben. Sie hatten sich ihm verpflichtet und waren in den Bund mit ihm eingetreten. Doch dann wandten sie sich immer wieder anderen Göttern zu. Sie fingen an, die Baalim, die Fruchtbarkeitsgötter zu verehren. Sie begingen geistliche Hurerei. Sie brachen die Gemeinschaft mit Gott.

Sünde ist Ablehnung des Lichtes, das Gott gibt

Nun sind die meisten von uns ja keine Juden. Und wir könnten sagen, daß uns das nichts angeht, weil Gott ja uns das Gesetz nicht gegeben und uns nicht in seinen Bund gerufen hat.
Aber so billig kommen wir nicht weg. Die Bibel sagt, daß dies nicht nur ein Problem der Juden war. Jeder Mensch hat von Gott eine gewisse Einsicht in seinen Willen bekommen. Wir

wissen, zumindest an manchen Stellen, was richtig und was falsch ist. Wir sehen das Licht Gottes, wenn vielleicht auch nur in einem schwachen Schein. Auch jemand, der nie die Bibel gelesen hat, weiß, daß es nicht recht ist, zu töten oder die Ehe zu brechen. In allen Völkern werden Betrug und Gemeinheit verurteilt (zumindest gegenüber den eigenen Stammesangehörigen).

Wenn es auch manchmal ziemlich dunkel ist, so scheint etwas vom Licht Gottes doch in das Leben jedes Menschen. Jeder kann etwas von Gottes Willen erkennen. Aber darin besteht unsere Sünde, daß wir das Licht, das wir von Gott bekommen haben, nicht beachten: *Sie wußten, daß ein Gott ist, und haben ihn nicht gepriesen als einen Gott noch ihm gedankt, sondern haben ihre Gedanken dem Nichtigen zugewandt, und ihr unverständiges Herz ist verfinstert. Da sie sich für weise hielten, sind sie zu Narren geworden* (Römer 1,21-22).

Keine angenehmen Worte. Aber wahre. Natürlich wehren wir uns gegen das Wort Sünde. Aber Sünde ist eine Tatsache. In unserem eigenen Leben und in dieser Welt. Der Mensch ist nicht von Grund auf gut. Wer das nach all dem Schrecklichen, was in unserem Jahrhundert geschehen ist, noch glauben will, ist willentlich blind.

Sünde stammt vom Gegenspieler Gottes

Das ist die tiefste Dimension der Sünde. In der Bibel wird erklärt, daß es eine Macht des Bösen gibt, ein Prinzip des Negativen, ein personhafter Wille, der alles Gute zerstören will. Er wird mit unterschiedlichen Namen bezeichnet: *diabolos* (Durcheinanderwerfer), von dem das deutsche Wort »Teufel« kommt, *Satan* (Ankläger) und anderen.

Er ist Gott nicht ebenbürtig. Die Bibel lehrt keinen Dualismus, in dem Gut und Böse in einem ewigen Kampf miteinander stehen. Vielmehr weiß sie vom endgültigen Sieg Gottes über alles Böse. Aber in der Zwischenzeit ist der Teufel noch mächtig. Seine Macht liegt in der Sünde. Wer Sünde tut, tritt automatisch in das Gebiet des Feindes Gottes. Denn dieser war von Anfang an mit verstrickt in die Auflehnung des Menschen gegen Gott. Und er ist immer noch aktiv in dieser Welt.

Christen glauben nicht an den Teufel. Sie glauben an Jesus, der den Teufel entmachtet hat. Der Teufel ist kein Gegenstand des Glaubens. Er wird auch im apostolischen Glaubensbekenntnis nicht erwähnt. Aber wir wissen, daß es ihn gibt und daß er versucht, die Welt gegen Gott zu setzen. Im Neuen Testament heißt es: Er *geht herum wie ein brüllender Löwe und sucht, wen er verschlingen kann* (1. Petrus 5,8).
Kaum etwas in der Bibel ist so sehr in Frage gestellt und lächerlich gemacht worden wie die Aussagen über den Teufel. Man hat aber eigentlich immer nur eine Karikatur von ihm vor Augen gehabt. Spätestens in unserem Jahrhundert müßte allen deutlich sein, daß manche Greueltaten, die Menschen verüben, nicht ohne die Dimension des Teuflischen, des Dämonischen erklärbar sind. Er ist es, der die Welt kaputtmachen will.

Was bestimmt unser Leben?

Die Frage, der wir uns stellen müssen, ist, auf welcher Seite wir sein wollen. Martin Luther hat gesagt, der Mensch wird entweder von Gott geritten oder vom Teufel. Wir sind frei zu entscheiden.
Wenn in den ersten Jahrhunderten Menschen Christen wurden, sagten sie in der Taufe dem Teufel und der Sünde ab. Diese *renuntiatio diaboli,* diese Absage an den Teufel und alle seine zerstörerischen Werke im eigenen Leben und in der Welt, sollte auch heute wieder Teil einer Umkehr zu Christus werden.
Das ist für mich ein Hauptgrund, Christ zu werden: Die Welt ist kaputt. Ich bin mit daran schuld. Allein kann ich mich nicht ändern. Ich brauche die Kraft Jesu Christi, der mit meiner Schuld fertig wird. Und der die Welt erneuern wird.

3. Jesus war mehr als ein Mensch

Wahrlich, dieser ist Gottes Sohn gewesen!
Römischer Hauptmann — Markus 15,39

Ich bin gekommen, ein Feuer auf die Erde zu werfen. Was wollte ich lieber, als brennte es schon!
Lukas 12,49

Die Person des Jesus von Nazareth hat schon immer Menschen in ihren Bann gezogen. Unzählige Bücher sind über ihn geschrieben worden. Gedichte wurden zu seiner Ehre verfaßt. Hunderttausende von Liedern und Chorälen in den meisten Sprachen der Welt haben Jesus zum Inhalt. Große Meisterwerke der Malerei, der Bildhauerei, der Musik und vieler anderer Kunstrichtungen haben Jesus als Thema.
Das Interesse, das Jesus noch heute auslöst, ist erstaunlich. Gerade in letzter Zeit sind einige neue Bücher über Jesus veröffentlicht worden, die in kürzester Zeit zu Bestsellern wurden.

Jesus fasziniert

Es liegt eine Faszination über der Gestalt des Jesus aus Nazareth in der nordjüdischen Provinz Galiläa. Das ist erstaunlich angesichts der Tatsache, daß Jesus selbst nie ein Buch geschrieben hat, daß er nur wenige Jahre, höchstens drei, öffentlich gewirkt hat und daß er nie größere Reisen aus seiner Heimat heraus unternommen hat.
Jesus und seine Wirkung auf die Geschichte der Menschheit sind ein Phänomen. Ich will diesem Phänomen Jesus etwas nachgehen.

Was wissen wir über Jesus?

Eigentlich sehr viel. Kurz nach seinem Tod wurde von einigen seiner engsten Freunde eine Reihe von Kurzbiographien geschrieben. Matthäus war einer von ihnen. Er war ein einflußreicher, wohlhabender Beamter gewesen. Auf der Seite der römischen Besatzungsmacht hatte er mit dem Unter-

drückungsapparat zusammengearbeitet, durch den seine eigenen Landsleute ausgebeutet und niedergehalten wurden.
Er hatte sich viele Feinde gemacht, aber gleichzeitig viel Geld kassiert. Und Geld war für Matthäus alias Levi das Wichtigste. Bis er Jesus begegnete. Er wurde zu einem seiner engsten Freunde, ein Jünger. Und später noch Autor einer der Biographien, die das Leben Jesu beschreiben. Genauer gesagt: das Leben und Sterben.

Eine neue Art von Literatur

Die Art von Biographie, die Matthäus und andere über Jesus schrieben, war eine Neuheit in der Literaturgeschichte. So etwas gab es noch nie: eine Lebensbeschreibung, bei der das Hauptgewicht auf den Ereignissen um das Sterben der Hauptperson liegt. So wurde auch prompt ein neuer Name für diese Literaturgattung erfunden: Evangelium.
Auf griechisch lautete das Wort *euangelion* und bedeutete soviel wie: wichtige, positive Nachricht. Die römischen Kaiser ließen von Zeit zu Zeit in allen Reichsteilen ein »Evangelium« verkünden. Meist waren das Meldungen von Siegen des römischen Heeres, Nachrichten über Steuersenkungen (wirklich eine gute Nachricht!), Geburten im kaiserlichen Haus oder ähnliches. Die Biographen Jesu übernahmen diesen Begriff und verwendeten ihn für ihre Darstellungen.
So sind wir über Jesus eigentlich sehr gut informiert. Viel besser jedenfalls als über viele bedeutende Persönlichkeiten der Antike, deren Namen wir noch heute in unseren Geschichtsbüchern lesen.
Die Freunde und Nachfolger Jesu hielten das, was Jesus gesagt und getan hatte, für so wichtig, daß sie es überall weitersagten. In kürzester Zeit war Jesus nicht nur in Palästina bekannt, dieser Grenzprovinz im Osten des römischen Reiches, sondern auch in den großen Städten: in Antiochia, Athen, Alexandria, Ephesus, Tarsus, Korinth und nicht zuletzt in Rom.
Schon in den fünfziger Jahren des ersten Jahrhunderts (nach Christi Geburt!), also etwa zwanzig Jahre nach dem Tod Jesu, gab es in Rom eine Gemeinde von Christen. Von Menschen

also, die Jesus als Gott anbeteten und die sogar bereit waren, für ihren neugewonnenen Glauben zu sterben.
Im Jahre 64 ließ Kaiser Nero die Christen der Hauptstadt als lebendige Fackeln bei einem Gartenfest verbrennen, um den Verdacht von sich abzuwälzen, er habe Rom selbst in Brand gesteckt. Der römische Geschichtsschreiber Tacitus berichtet das und fährt dann fort: »Der Name ›Christ‹ für sie ist von Christus hergeleitet, der unter der Herrschaft des Tiberius vom Prokurator Pontius Pilatus hingerichtet wurde, und die schädliche Sekte, die für eine Weile unterdrückt war, brach wieder aus und verbreitete sich nicht nur in Judäa, der Quelle dieser Krankheit, sondern auch in Rom selbst, wo alle schrecklichen und schändlichen Dinge in der Welt sich sammeln und eine Heimat finden« (Annalen 15.44).
Hier finden wir einen unabhängigen Zeugen dafür, daß es in den frühen sechziger Jahren des ersten Jahrhunderts schon genügend Christen in Rom gab, daß der Kaiser Nero sie kannte und sie als Blitzableiter für den Volkszorn benutzen konnte. Übrigens finden wir in diesem Zitat von Tacitus den einzigen Beleg außerhalb der Schriften des Neuen Testamentes, daß Pontius Pilatus Statthalter in Judäa war und daß er die Kreuzigung Jesu veranlaßt hat. Keiner wird Tacitus nachsagen können, daß er für die Christen Sympathien gehegt hätte. Und doch wird er zum Zeugen für die Geschichtlichkeit der Ereignisse um die Entstehung des Christentums.

Überall beteten Menschen Christus an

So groß war die Faszination, die von Jesus ausging, daß innerhalb weniger Jahre im ganzen römischen Reich Tausende von Menschen ihr Leben als Christen führen wollten und auch bereit waren, dafür Unannehmlichkeiten auf sich zu nehmen, notfalls auch dafür zu sterben. Ganze Landstriche gingen innerhalb weniger Jahrzehnte vom alten Götterglauben zum Glauben an Christus über.
Plinius der Jüngere war Statthalter der Provinz Bithynien in der heutigen Nordtürkei. Er schrieb im Jahre 112 einen Brief an Kaiser Trajan, der sich mit der schnellen Ausbreitung der christlichen Bewegung in seiner Region befaßte. Es war ein

größeres gesellschaftliches Problem geworden. Die heidnischen Tempel mußten schließen, weil kaum noch jemand kam. Die großen Opferfeste wurden nicht mehr gefeiert, und es wurden auch keine Opfertiere mehr gekauft.
Plinius wußte nun nicht, was er tun sollte. Was war seine Aufgabe als Statthalter in dieser Situation? Er hatte schon einige Christen hinrichten lassen, die so widerspenstig waren, daß sie ihren Glauben an Christus nicht aufgeben wollten. Aber Plinius wußte gar nicht genau, was nun ihr Verbrechen war. In ihren Versammlungen geschah nichts Ungehöriges (wie oft verleumderisch behauptet wurde). Ihre einzige Schuld bestand darin, daß sie die Statue des Kaisers und die Bilder der Götter nicht anbeten wollten. Außerdem hatten sie die Gewohnheit, sich an einem bestimmten Tage, nämlich am Sonntag, vor Tagesanbruch zu treffen und ein Lied zu Christus als Gott zu singen. Sie hatten sich, so schrieb Plinius weiter, durch einen Eid verpflichtet, keine Verbrechen zu begehen.
Ihre Lebensführung war einwandfrei. Ehebruch, Betrug, Unehrlichkeit oder Diebstahl konnte man bei ihnen nicht finden. Bei ihrem gemeinsamen Mahl aßen sie »gewöhnliche Speise« (also nicht etwa Menschenfleisch, wie ihnen von manchen Gegnern nachgesagt wurde, die das »Essen des Leibes Jesu« im Abendmahl wohl mißverstanden hatten). In all dem blickte Plinius nicht ganz durch und fragte den Kaiser, was er tun sollte (Plinius, Briefe 10.96). Das Christentum war *die* neue Kraft in der antiken Gesellschaft. Es begann, das ganze Leben zu revolutionieren.
Eines wird aus diesen Zitaten deutlich: Das Leben des Jesus von Nazareth hatte eine solch starke Ausstrahlung, daß sich innerhalb weniger Jahrzehnte höchste Kreise der römischen Regierung mit der Frage beschäftigen mußten, was sie angesichts der ständig wachsenden Jesusbewegung wohl machen sollten.

Jesus war ein außergewöhnlicher Mensch

Auch aus dem ersten Jahrhundert selbst erreichen uns einige außerbiblische Nachrichten über das Leben Jesu, seinen Tod und seine Auferstehung. Doch für den Augenblick will ich es dabei bewenden lassen. Die besten und genauesten Überlieferungen über das Leben Jesu finden wir nämlich in den Büchern und Briefen, die im Neuen Testament zusammengestellt sind. Wer diese Berichte unvoreingenommen und mit einem wachen Verstand liest, wird bald überrascht, fasziniert und überzeugt sein von der Persönlichkeit des Jesus von Nazareth. Nun ist es leicht, einen Menschen zu idealisieren, wenn man ihn nur aus der Ferne kennt. Je näher man mit ihm bekannt wird, desto mehr kennt man auch seine Schwächen und Fehler, und um so weniger wird man geneigt sein, ihm ein uneingeschränktes Lob auszusprechen. Ganz anders bei Jesus. Schon bei der ersten Begegnung waren die Menschen von ihm fasziniert. Seine Aussagen, seine Art zu lehren, seine Zuneigung zu jedermann, auch den gesellschaftlich Geächteten, erstaunten die Menschen.

Aber auch seine Jünger, seine engsten Freunde, die mehrere Jahre mit ihm zusammen durch ganz Palästina gezogen waren, wurden nicht desillusioniert oder enttäuscht. Im Gegenteil, je länger sie ihn kannten, um so mehr kamen sie zu der Überzeugung, daß sie es bei Jesus mit mehr als mit einem gewöhnlichen Menschen zu tun hatten. Jesus fragte sie einmal, für wen sie ihn denn hielten. Und das ist auch heute die zentrale Frage.

Die entscheidende Frage: Wer ist Jesus?

Wer ist dieser Jesus? Von der Beantwortung dieser Frage hängt alles ab. War er ein Prophet, ein Religionsstifter wie andere vor ihm und nach ihm auch? War er einfach ein vorbildlicher Mensch? War er ein Betrüger, ein Zauberer, wie manche jüdische Schriften behaupten? War er ein Getäuschter, der sich einbildete, Gottes Sohn zu sein, der dann aber am Kreuz erkennen mußte, daß sein himmlischer Vater ihn schmählich im Stich ließ? War er ein Revolutionär, ein Volksheld, ein Aufrührer? Wer war Jesus wirklich? Wie finden wir das heraus?

Es wäre jetzt eigentlich an der Zeit, die Evangelien zu lesen und sich selbst ein Bild zu machen. Keiner sollte Christ werden, ohne selbst davon überzeugt zu sein, daß Jesus tatsächlich mehr ist als nur ein Mensch. Denn zu dieser Überzeugung waren die ersten Christen gekommen, die, die ihn noch persönlich gekannt hatten. Und diese Überzeugung gaben sie weiter.

Die Überzeugung seiner engsten Freunde

Einer seiner engsten Freunde, der selbst Augenzeuge des Lebens und des Sterbens Jesu gewesen war, Johannes, schreibt über seine Erfahrungen mit Jesus: *Was von Anfang an war, was wir gehört haben, was wir gesehen haben mit unseren Augen, was wir angeschaut haben und unsere Hände betastet haben, das Wort des Lebens; und das Leben ist erschienen, und wir haben gesehen und bezeugen und verkündigen euch das Leben* (1. Johannes 1,1-2).
Für Johannes ist Jesus also das Leben schlechthin. Von dem Tag an, wo er als junger Mann Jesus begegnete, bis zu dem Tag, wo er diese Worte schrieb, sind mehrere Jahrzehnte vergangen. Und doch ist er noch ebenso überzeugt wie am ersten Tag, daß Jesus wirklich der Messias ist, der von Gott Gesandte, das Wort Gottes, das Leben bringt; ja, daß Jesus das Leben selbst ist. Eine erstaunliche Aussage für einen engen Freund!
Petrus, ein anderer, der von Anfang an dabei war, faßte auf die Frage Jesu hin seine Überzeugung so zusammen: *Du bist der Christus, der Sohn des lebendigen Gottes!* (Matthäus 16,16). Und damit drückte er aus, was die anderen Jünger dachten.
Was brachte Johannes, Petrus und die anderen ersten Jünger zu dieser Überzeugung? Was war es an Jesus, das sie dazu veranlaßte, solche Aussagen über einen Menschen zu machen?

Ein beispielloses Leben

Da war zuerst sein Leben. Kein Mensch vor ihm oder nach ihm hat ein solches Leben gelebt. So geradlinig, so klar, so sauber, so wahrhaftig. Bei Jesus klafften Reden und Tun niemals auseinander.
Seine Zuwendung galt allen in gleicher Weise. Reiche und

Arme, Kranke und Gesunde, Fromme und Unreligiöse fühlten sich von ihm angenommen.
Natürlich war vieles, was er sagte, unbequem. Aber es war niemals moralisierend, niemals herablassend, niemals doppelzüngig oder unehrlich. Jesus war durch und durch echt.
Und das war eine anerkannte Tatsache bei Freunden und Feinden. Niemand konnte ihm etwas Böses nachsagen. Als sie ihn aus dem Weg räumen wollten, mußten sie falsche Zeugen heranschaffen, die ihm etwas anhängen sollten, was nicht stimmte.
Und doch war es äußerst schwierig, eine zusammenhängende Anklage zustande zu bringen. Jesus war durch und durch ehrlich, ohne Falschheit, ohne Hinterlist. Und er war völlig frei von der Meinung anderer. Er war auch frei gegenüber sich selbst, frei, den Willen Gottes zu tun, auch wenn das schließlich Leiden und einen grausamen Tod am Kreuz bedeutete.

Ein Kurzportrait des Lebens Jesu

Eine Kurzbeschreibung des Lebens Jesu findet sich in der Rede, die Petrus im Haus des römischen Offiziers Kornelius hielt. Der hatte Petrus gebeten, von Joppe nach Cäsarea zu kommen — beides Städte am Mittelmeer — und ihm, seiner Familie und seinen Freunden und Angestellten zu erklären, was die Botschaft Gottes für sie sei. Die Rede des Petrus ist — in den wesentlichen Punkten — von Lukas überliefert worden:
Ihr kennt die Botschaft, die Gott zu den Kindern Israel gesandt hat, als er verkündigen ließ den Frieden durch Jesus Christus. Der ist Herr über alle. Und was geschehen ist im ganzen jüdischen Land und wie Gott angefangen hat in Galiläa nach der Taufe, die Johannes verkündigte, und diesen Jesus von Nazareth gesalbt hat mit heiligem Geist und Kraft. Der ist umhergezogen und hat Gutes getan und gesundgemacht alle, die vom Teufel überwältigt waren, denn Gott war mit ihm. Und wir sind Zeugen von all dem, was er getan hat (Apostelgeschichte 10,36-39).
In dieser kurzen Zusammenfassung des Wirkens Jesu werden

einige Punkte besonders deutlich:
Jesus war von Gott gesandt. Er hat sich nicht selbst zu einem Boten Gottes ernannt. Gott hat ihn mit seinem Geist ausgerüstet. Überall, wo er hinkam, tat er Gutes. Menschen wurden gesund, Niedergeschlagene wurden aufgerichtet; jeder, der mit ihm in Berührung kam, erlebte etwas von der Kraft Gottes, von seinem Frieden.

Eine unerwarteter Zeuge: Josephus

Bei Josephus, dem großen jüdischen Historiker, finden wir eine Beschreibung des Wirkens Jesu, die der Zusammenfassung des christlichen Historikers Lukas, der die Apostelgeschichte geschrieben hat, sehr nahe kommt.
Es ist oft versucht worden, diesen Text als unecht abzutun — ohne wirklichen Erfolg, denn er findet sich in allen überlieferten Handschriften des Josephus. In den beiden großen Werken des Josephus, dem *Bellum Judaicum* (Jüdischer Krieg) und den *Antiquitates Judaeorum* (Altertümer der Juden) finden wir viele der Personen, die wir aus dem Neuen Testament schon kennen: Pilatus, Felix, Festus, die verschiedenen Männer, die den Namen Herodes trugen, die Hohenpriester Kaiphas und Hannas und viele andere.
Josephus berichtet von Johannes dem Täufer und von Jakobus, dem Bruder des »Jesus, der auch Christus genannt wird«. Am erstaunlichsten aber ist das, was er über Jesus selbst sagt. Erstaunlich, weil es aus der Feder eines bewußten Nichtchristen stammt:»Zu dieser Zeit (er meint die Zeit des Pilatus, 26-36 n.Chr.) stand Jesus auf, ein weiser Mensch, wenn es richtig ist, ihn einen Menschen zu nennen, denn er tat wunderbare Taten und war ein Lehrer derer, die die Wahrheit gern annehmen. Er gewann viele Juden und auch viele Griechen. Er war der Christus. Und als Pilatus ihn zum Kreuzestod verurteilt hatte aufgrund der Anstiftung unserer Führer, verließen die ihn nicht, die ihn von Anfang an geliebt hatten. Denn er erschien ihnen wieder lebendig am dritten Tag, wie die heiligen Propheten vorausgesagt hatten, die auch viele andere wunderbare Dinge über ihn gesagt hatten. Und das Geschlecht der Christen, die nach ihm so genannt werden,

ist bis zu diesem Tag nicht ausgestorben« (Antiquitates 16.3.3). Dieser Text ist in vieler Hinsicht erstaunlich. Auch wenn einiges wohl von Josephus ironisch gemeint sein mag und anderes einfach nur Zitat dessen ist, was die Christen über Jesus sagten (Anführungsstriche, die ein Zitat kennzeichnen, gab es nicht), und selbst wenn ein Teil — z.B. die Sätze über die Auferstehung — wirklich ein Einschub eines späteren christlichen Schreibers sein sollte, was nicht beweisbar ist, so bleibt doch noch genug übrig, über das man staunen kann. Auch bei Josephus erscheint das Bild eines Menschen, der aus dem Rahmen des Gewöhnlichen herausfällt. Jesus war weise, tat wunderbare Dinge, ja man muß sich sogar fragen, ob er wirklich nur ein Mensch war.

Jesus ist der Herr

Die christliche Kirche hat von vornherein darauf geantwortet: Nein, Jesus ist mehr als ein Mensch. Er ist wahrer Mensch und wahrer Gott. Er ist der Herr, vor dem sich alle Knie beugen müssen (auch die des Kaisers) und alle Zungen bekennen müssen (auch die der Spötter), daß er der Herr ist (so Paulus im Brief an die Philipper 2,11).
Aber nicht nur die Christen haben dies behauptet. Jesus selbst hat für sich in Anspruch genommen, mehr zu sein als ein Mensch. Genau dieser Anspruch hat ihn schließlich ans Kreuz gebracht. Denn die frommen Juden und die religiösen Führer seiner Zeit verstanden diesen Anspruch sehr wohl.
An vielen Stellen seines Lebens wird dies deutlich. Als er Sünden vergab (Lukas 5,20-21), kam sofort der Einspruch der Schriftgelehrten: Wer kann Sünden vergeben außer Gott? Als er Anbetung hinnahm (Lukas 5,8-11), als er von sich selbst als dem Menschensohn sprach, dem Gott alle Gewalt übergeben hat (Lukas 22,67-71), und an vielen anderen Stellen machte Jesus deutlich, daß er selbst beanspruchte, mehr zu sein als ein Mensch.
Es stimmt also nicht, daß erst die Gemeinde ihn in ihrer Anbetung in die Sphäre Gottes gehoben habe. Jesus selbst beanspruchte, Gottes Sohn zu sein. War er größenwahnsinnig? Aber Größenwahnsinnige heilen keine Kranken, lehren nicht

mit der Weisheit und Autorität wie Jesus. War er ein bewußter Lügner und Betrüger? Wie aber paßt das mit seinem Charakter, seinem Umgang mit Menschen zusammen? Hat er sich selbst getäuscht? Oder ist es wahr?

Wer ist Jesus? Wegen seiner Antwort auf diese Frage ließen ihn die jüdischen Führer umbringen. *Der Hohepriester fragte wieder: Bist du der Christus, der Sohn des Hochgelobten? Jesus antwortete: Ich bin es, und ihr werdet den Menschensohn sitzen sehen zur rechten Hand der Kraft* (das heißt: zur rechten Hand Gottes) *und kommen mit den Wolken des Himmels* (um als Richter alle Menschen zu richten; Markus 14,61-62).

Jesus zeigt, wie Gott ist

Jesus ist mehr als ein Mensch. Er ist der von Gott eingesetzte Herr über alles. In seinem Leben hat er gezeigt, wie Gott ist: voller Liebe, Wahrheit und Gerechtigkeit. Er hat Gutes getan, Frieden verkündet. Er öffnete die Tür zur Wirklichkeit Gottes. Weil er mehr ist als nur ein Mensch, kann er uns Menschen wieder in Verbindung mit Gott bringen.

Jesus ist der schlagendste Grund, Christ zu werden. Keiner hat je so gelebt wie er. Keiner hat so gelehrt wie er. Wer sich dem wirklichen Jesus ehrlich stellt, wird das gerne tun: Christ werden. Weil Jesus der Weg, die Wahrheit und das Leben ist (Johannes 14,6).

4. Die Bibel hat doch recht

Ihr sucht in der Schrift, und sie ist es, die von mir zeugt.
Johannes 5,39

Keine Angst, ich will in diesem Kapitel nicht mit Werner Kellers monumentalem Werk »Und die Bibel hat doch recht!« konkurrieren. Ich will auch nicht die komplizierten innertheologischen Streitigkeiten entfalten, die in bezug auf Fragen der Auslegung eines Textes oder aufgrund allgemeiner theologischer Überzeugungen und Grundvoraussetzungen ausgefochten werden. Auch will ich mich nicht mit dem riesigen Thema Bibel und Wissenschaft befassen. All das würde den Rahmen einer wenige Seiten umfassenden Darstellung bei weitem sprengen.
Ich will vielmehr etwas ganz Einfaches tun. Ich will ein bißchen mithelfen, die vielen Mißverständnisse, Vorurteile und Fehlinformationen, die viele Zeitgenossen haben, wenn es um die Bibel geht, etwas auszuräumen.

Die Bibel — ein ungelesenes Buch?

Mir ist nämlich in vielen Gesprächen mit normalen Leuten von heute, die nicht »vom Fach«, also nicht theologisch ausgebildet sind, zweierlei aufgefallen.
Erstens haben die wenigsten von ihnen in den letzten Jahren ernsthaft in der Bibel gelesen. Und zweitens haben die meisten von ihnen die Vorstellung, in der Bibel stünden sowieso nur Märchen, und das meiste wäre außerdem noch irgendwie verfälscht oder unzuverlässig. Das erste finde ich erstaunlich. Selbst wenn man nicht glaubt, daß Gott durch die Bibel spricht, so ist sie doch eines der wichtigsten Bücher der Weltgeschichte. Die Bibel ist in mehr Sprachen übersetzt worden als jedes andere Buch. Die genauen Zahlen liegen mir nicht vor, zumal ständig neue Übersetzungen dazukommen. Jedenfalls sind es mehrere hundert Sprachen, in die die ganze Bibel übersetzt ist; darüber hinaus gibt es weit über tausend Übersetzungen des Neuen Testamentes und dazu noch eine große Zahl von Übersetzungen einzelner Bibelteile.

Die Bibel ist auch das meistgedruckte und meistgelesene Buch. In manchen Ländern, in denen es schwer ist, eine Bibel zu erhalten, sind die Menschen bereit, ein Vermögen für eine einzige Bibel zu bezahlen.
Unsere Kultur ist gar nicht zu verstehen ohne die Bibel. Kunst, Literatur, Architektur, Musik, ja sogar das Recht unserer westlichen und vieler anderer Länder sind von der Bibel beeinflußt. Man sollte eigentlich erwarten, daß jeder gebildete Westeuropäer zumindest ab und zu in der Bibel liest. Was ist geschehen, daß das nicht der Fall ist?

Ist die Bibel langweilig?

Ohne jemandem zu nahe treten zu wollen: Ich habe den Verdacht, daß viele Erfahrungen in der Kirche (die die meisten Mitbürger doch noch hin und wieder betreten) und im Religionsunterricht beim Normalbürger irgendwie den Eindruck hinterlassen haben, die Bibel sei langweilig, unverständlich und habe mit dem eigentlichen Leben nichts zu tun.
Nichts könnte weiter von der Wahrheit entfernt sein als das! Auf der anderen Seite aber finden wir das Phänomen, daß die Bibel ein ungeheures Interesse auslösen kann. Filme über die Zehn Gebote oder das Leben Jesu zum Beispiel haben im Fernsehen höchste Einschaltquoten. Irgendwo steckt der Wurm, wenn auf der einen Seite ein so großes Interesse an der Bibel besteht und auf der anderen Seite das unbestimmte Gefühl vorherrscht, die Bibel sei nicht lesbar.

Ist die Bibel unverständlich?

Das bringt uns zu der zweiten Beobachtung: Viele Menschen meinen, in der Bibel stünden nur Märchen, sie wäre unzuverlässig und könnte sowieso nur mit Beratung durch den Fachmann oder die Fachfrau verstanden werden.
Ich habe das noch nie zusammengekriegt. Auf der einen Seite erlebe ich, wie in Ländern der Dritten Welt halbe Analphabeten stundenlang mühsam die Bibel entziffern und begeistert sind über das, was sie lesen (und offensichtlich verstehen!). Auf der anderen Seite höre ich in Deutschland, daß sich Gesprächskreise nicht trauen, die Bibel zu lesen, ohne

einen Theologen dabei zu haben — aus Angst, etwas nicht ganz richtig verstehen zu können.

War im Mittelalter vielfach die Übersetzung und Verbreitung der Bibel in den Volkssprachen durch die offizielle Kirche verboten (es könnte ja sein, daß einfache Leute anfingen, die Lehren und die Autorität der Kirche aufgrund der Bibel zu hinterfragen!), hat sich bei uns eine feinere und subtilere Weise der Bibelkontrolle eingeschlichen, nämlich die Vorstellung, nur der Fachmann könne aus den vielen Beifügungen, Veränderungen und Fälschungen der Texte den wirklichen, ursprünglichen Sinn herausfinden. Das aber sei ein so komplizierter Prozeß, daß man am besten von vornherein die Finger davon läßt.

Auch diese Vorurteile sind meilenweit von der Wahrheit entfernt. Gott sei Dank gibt es auch in unseren westeuropäischen Ländern Hunderttausende von Menschen, die sich die Bibel nicht madig machen lassen. Die regelmäßig in ihr lesen und erfahren, wie Gott durch die Bibel zu ihnen spricht.

Brücken zur Bibel

Im folgenden möchte ich Brücken bauen zu einem neuen Vertrauen zur Bibel. Dabei erhebe ich nicht den Anspruch auf Vollständigkeit oder Fehlerlosigkeit. Es geht mir einfach darum, Schneisen zu schlagen durch den Dschungel der Vorurteile, Mißverständnisse und Halbwahrheiten, damit die Bibel wieder lesbar wird.

Ich möchte mich auf zwei Bereiche beschränken: Die Glaubwürdigkeit des Neuen Testaments und die Zuverlässigkeit der Handschriftenüberlieferung.

Vielleicht hört sich im folgenden manches ein bißchen speziell und kompliziert an. Aber da müssen wir durch, um zum Ziel zu kommen. Ich lade Sie ein, mitzukommen.

Die Glaubwürdigkeit des Neuen Testaments

Können wir davon ausgehen, daß der Text des Neuen Testaments, so wie er uns heute vorliegt, identisch ist mit dem, den die Verfasser ursprünglich geschrieben haben? Und ist er vertrauenswürdig?

Das Neue Testament, wie das Alte, ist kein zusammenhängendes Buch. Vielmehr ist es eine Sammlung von 27 einzelnen Schriften verschiedener Autoren. Die Entstehungszeit ist etwa zwischen den vierziger und neunziger Jahren des ersten Jahrhunderts anzusetzen.

Die Entstehung des Johannesevangeliums

Lange Zeit war es in manchen Fachkreisen fast ein Dogma, daß besonders das Johannesevangelium völlig unhistorisch sei. Man nahm an, daß Johannes, der Jünger Jesu, unmöglich der Verfasser sein könnte. Das wurde mir zumindest noch im Studium so vermittelt. Manche plazierten seine Entstehungszeit sogar in die Mitte des zweiten nachchristlichen Jahrhunderts (also um 150 n.Chr.).

Dies jedoch mußte revidiert werden, als man vor einigen Jahren in Ägypten ein Fragment des Johannesevangeliums fand, das Experten auf das Jahr 125 datierten. Das bedeutet dann zumindest eine Entstehungszeit vor dem Jahr 100. (Das Johannesevangelium ist wohl in Kleinasien geschrieben worden, und man muß Zeit ansetzen, bis es auch in Ägypten bekannt war. Das Fragment wird wohl nicht vom Original selbst stammen, das dann jemand nach Ägypten mitgenommen haben müßte.)

In neuerer Zeit hat der englische Neutestamentler Bischof John Robinson, der beileibe kein konservativer Geist ist, Aufsehen erregt, als er sämtliche Schriften des Neuen Testaments in die ersten Jahrzehnte nach Christi Tod und Auferstehung datierte. Was ihm besonders viele übel nahmen, war, daß er wirklich Johannes, den Jünger Jesu, als Verfasser des Evangeliums ansieht und daß er die Entstehung sämtlicher Evangelien vor das Jahr datiert, in dem Jerusalem zerstört wurde — das heißt: vor 70 n.Chr.

Wir sehen, daß die wissenschaftliche Diskussion noch nicht abgeschlossen ist, daß sich zur Zeit aber ein deutlicher Trend zu einer früheren Abfassung (und damit zu größerer zeitlicher Nähe zu den berichteten Ereignissen) abzeichnet.

Der Teich Bethesda

Ein anderes Beispiel: Im 5. Kapitel seines Evangeliums berichtet Johannes, daß Jesus einen Gelähmten am Teich Bethesda in Jerusalem heilte. Die Teichanlage hatte nach dem Bericht des Johannes fünf Hallen.
Doch dieser Teich war nie gefunden worden, auch war solch ein Teich nirgendwo in der jüdischen Literatur erwähnt. Grund genug für die Neutestamentler, Johannes auch in dieser Einzelheit als ungeschichtlich abzutun. Es wurde sogar über die Frage spekuliert, ob er mit den fünf Hallen symbolisch die fünf Abschnitte des jüdischen Gesetzes meinen könnte, also die fünf Bücher Mose, in denen dann im übertragenen Sinn keine Heilung zu finden sei!
Die Lage änderte sich schlagartig, als vor einigen Jahren bei Ausgrabungen in Jerusalem der Teich Bethesda gefunden wurde. Wie Johannes berichtete, gibt es dort fünf Hallen, die erstaunlich gut erhalten sind! Und auch in einer der Schriften, die in Qumran gefunden wurde, findet sich der Name des Teiches. Der vermeintlich unhistorische Johannes hatte doch recht!

Gabbatha, wo Jesus von Pilatus verhört wurde

Ähnliches geschah mit der Aussage, daß Jesus an einem Ort namens Gabbatha, übersetzt: Steinpflaster, von Pilatus verhört wurde (Johannes 19,13). Auch diese Einzelheit wurde von Bibelgelehrten lange Zeit als eine erfundene Ausschmückung des Johannes angesehen, weil die anderen Evangelien diesen Namen nicht kennen. Nirgendwo in Jerusalem war dieser Ort lokalisierbar.
In den dreißiger Jahren jedoch grub der französische Archäologe Pére Vincent genau dieses Steinpflaster aus! Hier waren offensichtlich ständig römische Soldaten stationiert, nahe genug am Tempel, um im Notfall bei Unruhen einzugreifen. Bei der Zerstörung Jerusalems im Jahre 70 n.Chr. wurde dieses Steinpflaster unter Trümmern begraben und tauchte erst in unseren Tagen wieder auf.
Johannes, der Verfasser des angeblich so ungeschichtlichen vierten Evangeliums, hatte doch recht.

Lukas und seine Geschichte der Aposteltaten

Lukas, dem Verfasser des Evangeliums und der Apostelgeschichte, ging es nicht viel besser. Weil sich manche seiner Angaben in der Apostelgeschichte nicht ohne weiteres zeitlich mit den Paulusbriefen in Übereinstimmung bringen lassen, galt er lange Zeit als völlig unzuverlässig. Er berichtet ja viele Einzelheiten der Missionstätigkeit des Paulus, da er immer wieder für längere Zeit einer von dessen Begleitern war. Viele Forscher aber glaubten ihm das nicht und hielten ihn für einen Märchenerzähler. Das Prinzip war, daß man ihm nur dann eine Einzelheit glauben sollte, wenn sie auch irgendwo anders bestätigt war.

Der Prokonsul Gallio

Ein klassisches Beispiel für diese Skepsis gegen Lukas ist der Fall Gallio. In Apostelgeschichte 18,12 berichtet Lukas, daß Gallio Prokonsul von Achaja (Griechenland) war, während Paulus in Korinth missionierte.
Nun wissen wir relativ genau über das Leben des Gallio Bescheid, da er der Bruder Senecas ist, des römischen Philosophen unter Kaiser Nero. Seneca, Tacitus und andere berichten viele Details aus dem Leben Gallios. Eine Zeit als Prokonsul von Achaja allerdings berichten sie nicht. Also mußte Lukas sich geirrt oder das einfach erfunden haben.
Viele gelehrte Diskussionen wurden über diese Frage und die Unzuverlässigkeit des Lukas als Geschichtsschreiber geführt, bis eine Inschrift gefunden wurde, die nicht nur bestätigte, daß Gallio wirklich Prokonsul von Achaja war, sondern auch noch das Jahr angab: 51 n.Chr. Was bis dahin als Erfindung des Lukas angesehen worden war, wurde nun auf einmal zum entscheidenden Schlüssel für die Datierung des Neuen Testaments.

Die politische Organisation des römischen Reiches

Bis hinein in die Einzelheiten, zum Beispiel die verschiedenen Rangbezeichnungen römischer Beamter in den verschiedenen Städten und Provinzen des Reiches, ist Lukas als Geschichtsschreiber genau.

So berichtet er, daß es in Thessalonich »Stadtpräfekten« gab (Apostelgeschichte 17,6; *politarches,* Luther übersetzt: »Oberste«), in Malta einen »Ersten« (28,7; *protos,* Luther: »Oberster«), in Philippi zwei »Prätoren« (16,20; *strategoi,* Luther: »Stadtrichter«) und in Ephesus einen »Stadtschreiber« (19,35; *grammateus,* Luther: »Kanzler«). Alle diese unterschiedlichen Bezeichnungen sind aufgrund von Inschriften in den jeweiligen Orten bestätigt worden.

Lukas zeichnet also in seinem Geschichtswerk ein sehr genaues Bild der politischen Verhältnisse. Wie hätte es auch anders sein können? Schließlich lebten ja seine Leser in der Welt, die er beschreibt. Wenn die These, er hätte vieles einfach erfunden, wahr wäre, hätte kein Mensch sein Werk ernst genommen. Nein, Lukas ist genau. Ihm ging es wirklich um exakte Berichterstattung.

Die Absicht des Lukas

Diese Absicht, nämlich genaue Geschichtsschreibung, hat Lukas im Vorwort des Evangeliums ausgedrückt, das den ersten Teil seines Doppelwerks darstellt: *Nachdem es viele schon unternommen haben, von den Dingen zu berichten, die sich unter uns ereignet haben, so wie die es uns überliefert haben, die von Anfang an Augenzeugen und Diener des Wortes gewesen sind, habe auch ich es für gut befunden, nachdem ich alles aufs Genaueste von Anfang an untersucht habe, dir zu schreiben, edelster Theophilos, damit du erkennst das feste Fundament des Wortes, das du empfangen hast* (Lukas 1,1-4).

Deutlicher ist die Absicht, genau und sorgfältig zu untersuchen und zu berichten, kaum auszudrücken.

Lukas ist wieder zu Ehren gekommen. Althistoriker, die sich mit dem ersten Jahrhundert beschäftigen, schätzen ihn als historisch äußerst zuverlässig ein. Der klassische Archäologe Sir William Ramsay hat Lukas ein besonderes Zeugnis ausgestellt. Er hatte mit der Annahme begonnen, man könne Lukas kein Wort glauben, wenn es keinen von ihm unabhängigen Beleg für einen bestimmten Tatbestand gäbe.

Je mehr er sich aber mit der Geschichtsschreibung des Lukas

befaßte, desto unausweichlicher wurde für ihn die Erkenntnis, daß dieser in allen wesentlichen Punkten äußerst zuverlässig ist. Ja, er pries Lukas als besten Geschichtsschreiber seit Thukydides (vgl. seine Bücher »Paul the Traveller and Roman Citizen« und »The Bearing of Recent Discovery on the Trustworthiness of the New Testament«).
Eine ganze Reihe anderer Beispiele könnte angeführt werden. Besonders in Korinth haben Ausgrabungen vielfach Bestätigungen für umstrittene neutestamentliche Angaben erbracht.

Wir können dem Neuen Testament vertrauen

An diesen wenigen Beispielen wird deutlich, daß die Schriften des Neuen Testaments in der Beschreibung der äußeren Begebenheiten im römischen Reich des ersten Jahrhunderts weitaus genauer sind, als in der Wissenschaft lange Zeit angenommen wurde und als es viele Zeitgenossen heute noch meinen.
Allerdings ist klar, daß die Zuverlässigkeit und Genauigkeit in den äußeren Dingen nicht automatisch heißen muß, daß es wahr ist, was über die Göttlichkeit Jesu, die Wunder, seine Auferstehung und andere wichtige Inhalte des Glaubens ausgesagt wird. Jesu Anspruch, Gottes Sohn zu sein, läßt sich geschichtswissenschaftlich weder beweisen noch entkräften. Jedoch wird man wenigstens so fair sein müssen, daß man dem Neuen Testament ein aufmerksames Gehör schenkt, wenn deutlich wird, daß es überall, wo wir etwas nachprüfen können, zuverlässig ist.

Entsprechen unsere Bibelausgaben dem Urtext?

Eine andere Frage, in der viel Verwirrung herrscht, bezieht sich auf die Zuverlässigkeit der Handschriften des Neuen Testaments.
Viele meinen, daß man sowieso nicht genau wissen könne, ob das, was heute in der Bibel steht, dem ursprünglichen Text entspricht. Diese Ansicht aber ist schlichtweg falsch. Tatsache ist, daß die Bücher des Neuen Testaments zu den bestüberlieferten Schriften der Antike überhaupt zu rechnen sind. (Ähnliches gilt übrigens für das Alte Testament, wie seit den

Funden von Qumran am Toten Meer in der Mitte unseres Jahrhunderts deutlich ist.)

Zum Vergleich: Der Zeitraum zwischen der Abfassung der »Geschichte« des Thukydides und der frühesten Handschrift, die wir besitzen, beträgt nicht weniger als 1500 Jahre. Bei den Schriften des Tacitus sind es etwa 800 Jahre. Und so ist es mit allen klassischen Autoren. Aber das stört uns nicht weiter, und wir gehen normalerweise von der Zuverlässigkeit der Handschriftenüberlieferung aus.

Das heißt: Wir glauben, daß das, was wir heute als »Geschichte« des Thukydides lesen, tatsächlich im großen und ganzen dem entspricht, was er geschrieben hat. Nur bei den Schriften des Neuen Testaments zweifeln viele an der Genauigkeit der Handschriftenüberlieferung. Warum eigentlich?

Verständlich ist diese Skepsis natürlich, denn die Aussagen des Neuen Testaments sind so brisant, daß sie unser Leben vollkommen in Frage stellen, wenn sie wahr sein sollten. Und es ist ein angenehmer Weg, sich dieser Herausforderung zu entziehen, wenn man einfach die Zuverlässigkeit der Überlieferung des Neuen Testaments in Frage stellt.

Eine Überfülle von Textzeugen

Aber so einfach ist das nicht. Im Gegensatz zu allen anderen Schriften der Antike haben wir nicht nur eine, gegebenenfalls zwei frühe Handschriften, sondern gleich Hunderte von ihnen, sogenannte Textzeugen. Unter ihnen ist eine ganze Reihe sehr früher Übersetzungen in andere Sprachen der alten Welt (das Neue Testament ist auf griechisch verfaßt).

Nehmen wir nun einmal an, im Jahre 250 n.Chr. wäre irgend jemand auf die Idee gekommen, einige Worte im Johannesevangelium zu verändern — welche Aussicht auf Erfolg hätte er gehabt, dies weltweit durchzusetzen? Praktisch gar keine. Um seine Änderung durchzusetzen, müßte er nämlich Tausende von Kilometern durch die ganze damalige römische Welt reisen und jedes einzelne Exemplar des Johannesevangeliums, das irgendwo in einem Privathaus lag, entweder verändern oder vernichten. Das ist natürlich völlig unmöglich. Auch schon hundert oder hundertfünfzig Jahre vorher wäre ihm das nicht gelungen. Denn die Schriften des Neuen Testaments wurden sofort abgeschrieben und wieder abgeschrieben und nochmals abgeschrieben.

Natürlich haben sich bei diesen Abschriften Fehler ergeben, die auch heute in den Fußnoten der wissenschaftlichen Ausgaben des Neuen Testaments erscheinen. Aber sie beziehen sich durchweg auf kleinere grammatische Fehler, Auslassen einer Zeile (durch Flüchtigkeit oder Übermüdung beim Abschreiben) oder ähnliches. Keine einzige zentrale Lehre der Bibel wird durch eine Variante in der Handschriftenüberlieferung auch nur angekratzt.

Es sind von den Fachleuten im Laufe der Jahrhunderte ausgezeichnete Hilfsmittel entwickelt worden, die den wahrscheinlich ursprünglichen Text wieder herstellen. Meist genügt schon ein einfacher Vergleich mit anderen Handschriften, um festzustellen, wo der Abschreibfehler liegt.

Die Varianten (in der Fachsprache »unterschiedliche Lesarten« genannt) stellen die Glaubwürdigkeit der Überlieferung des Neuen Testaments in keiner Weise in Frage. Im Gegenteil. Gerade daß es sie gibt, zeigt, welche Ehrfurcht die Abschreiber der Bibel hatten. Sie ließen oft bewußt auch offensichtliche Abschreibfehler derer stehen, die vor ihnen abgeschrieben hatten, einfach weil sie nicht am Text herumdoktern wollten. Das gilt übrigens ebenfalls für das Alte Testament.

Die Muslime haben es da einfacher. Nach dem Tod Mohammeds ließ der vierte Kalif alle Abschriften der inspirierten Aussprüche Mohammeds (d.h. des Koran) zusammentragen und vergleichen. Aus den unterschiedlichen Versionen wurde dann ein anerkannter Text zusammengestellt. Den Rest ließ er einfach verbrennen. So löste er das Problem.

Das Neue Testament als Autorität

Doch zurück zum Neuen Testament. Wie sieht die Handschriftenlage wirklich aus?

Wir haben vollständige Abschriften der vier Evangelien auf Papyrus, die vor dem Jahr 200 gefertigt wurden, also nur etwas über hundert Jahre nach ihre Abfassung. Wir haben ein

Fragment des Johannesevangeliums aus Ägypten, das um 125 datiert wird. Wir besitzen Schriften aus den ersten Jahrzehnten des zweiten Jahrhunderts, die die Bücher des Neuen Testaments ausführlich zitieren.

Eine in diesem Jahrhundert gefundene Schrift mit dem Titel »Das unbekannte Evangelium«, vor 150 geschrieben, zitiert alle vier Evangelien ausführlich. Der Häretiker Valentinus, dessen um das Jahr 130 verfaßtes »Evangelium der Wahrheit« kürzlich gefunden wurde, zitiert die Schriften des Neuen Testaments, um für seine Lehre Anhänger zu gewinnen. Damals wurden sie also schon als verbindlich, autoritativ angesehen und als Beweis für eine bestimmte Lehre zitiert!

Auch die Schriften der sogenannten apostolischen Väter (alle zwischen ca. 95 n.Chr. und ca. 150 n.Chr.) — Polykarp von Smyrna, Ignatius von Antiochien, Clemens von Rom und andere, die noch früher schrieben — zitieren das Neue Testament schon als gültiges Wort Gottes.

Wir können also sagen, daß schon im Jahre 100 die Schriften des Neuen Testaments als verbindliche Schriften des neuen Bundes von allen Christen anerkannt waren (mit der Ausnahme der Offenbarung, bei der noch länger umstritten war, ob sie in die Liste der verbindlichen Schriften aufgenommen werden sollte oder ob sie nur, wie zum Beispiel die frühen christlichen Schriften »Hirte des Hermas« und »Barnabasbrief«, als gut zu lesen akzeptiert werden sollte).

Es ist also ein Mythos zu meinen, das Neue Testament wäre gefälscht oder alle möglichen Leute hätten ihre privaten Ansichten miteingeschmuggelt. Es stimmt auch nicht, daß der Kanon des Neuen Testaments, also die Gesamtzahl der anerkannten Schriften, jahrhundertelang umstritten war und dann von einer kirchlichen Synode autoritär festgelegt wurde. Tatsache ist, daß wir in der Überlieferung des Neuen Testaments auf felsenfestem Grund stehen, der sicherer ist als bei jeder anderen Schrift der Antike.

Die berühmte biblische Archäologin Professor Kathleen Kenyon kam zu diesem Schluß: »Das Intervall zwischen dem Zeitpunkt der ursprünglichen Abfassung und den frühesten . . . Belegen wird so gering, daß es völlig nebensächlich wird, und der letzte Grund für irgendeinen Zweifel daran, daß die

Schriften im wesentlichen so auf uns gekommen sind, wie sie geschrieben wurden, ist jetzt weggeräumt« (The Bible and Archaeology, S. 288).

Die Bibel will uns Jesus zeigen

Die Bibel hat doch recht. Es ist klar, daß der Nachweis, daß das Neue Testament in seinen Aussagen genau ist und uns zuverlässig überliefert wurde, an sich noch keinen Glauben an den Gott hervorbringt, von dem in der Bibel gesprochen wird. Denn Glaube ist eine ganzheitliche, personhafte Beziehung und entsteht erst in der persönlichen Begegnung.
In diesem Kapitel habe ich deshalb einfach versucht, an einigen Beispielen zu zeigen, daß die Vorurteile gegen die Bibel, wie sie bei vielen Zeitgenossen zu finden sind, auf Mißverständnissen und Fehlinformationen beruhen. Und ich habe die Hoffnung, daß mancher Leser mit neuer Offenheit zum Neuen Testament greifen wird (am besten in einer neueren Übersetzung) und sich mit der Person beschäftigt, die im Zentrum des Neuen Testaments steht: Jesus Christus. Daß er erkennt, daß die Bibel recht hat nicht nur in so äußerlichen Dingen wie den Bezeichnungen von römischen Beamten, sondern in der zentralen Aussage der Offenbarung der Liebe Gottes in Jesus. Daß neues Vertrauen zu Jesus entsteht. Daß sich über der offenen Bibel ein Gespräch mit Jesus entwickelt. Denn die Bibel will nicht einfach recht haben. Sie will uns mit Jesus in Verbindung bringen, der das eigentliche Wort Gottes ist. Das Wort der Liebe, der Wahrheit und der Hoffnung.

Das früheste christliche Grab?

Ich kann es mir nicht verkneifen, dieses Kapitel mit einer letzten Bemerkung zu einer weiteren archäologischen Entdeckung enden zu lassen.
Im Jahre 1945 fand der israelische Professor Sukenik ein versiegeltes Grab in Talpioth, unmittelbar vor den Toren Jerusalems. Es war nie von Grabräubern geöffnet worden, so daß das Innere unversehrt war.
Im Grabmal befanden sich fünf Ossuarien, Knochenbehältnisse aus Stein. Der Stil der Verzierungen sowie eine dort ge-

fundene Münze zeigten, daß das Grabmal ungefähr im Jahre 50 n.Chr. geschlossen worden war. Auf zweien der Knochenbehältnisse erscheint der Name Jesus. Auf dem einen steht auf griechisch *Iesou iou* (Jesus, hilf!?) und auf dem anderen in aramäischer Sprache *Yeshu' Aloth* (Jesus, laß ihn aufstehen/auffahren!?). Auf beiden Steinkästen findet sich auch ein Kreuz.

Professor Sukeniks Interpretation seiner Funde als früheste christliche Gräber ist natürlich nicht unangefochten geblieben. Aber seine Deutung scheint noch immer am wahrscheinlichsten. Wenn sie korrekt ist, dann haben wir hier eine wirklich umwerfende Bezeugung des christlichen Glaubens an die Macht Jesu, Tote aufzuerwecken. Und das weniger als 20 Jahre nach der Kreuzigung und Auferstehung Jesu!

Die Menschen, die in diesen Gräbern bestattet wurden, und die Menschen, die diese Bittgebete auf die Steinsärge schrieben, haben wahrscheinlich Jesus selbst noch gekannt. Kann es noch ein klareres Indiz für den brennenden Glauben der ersten Christen an die Macht des auferstandenen Jesus geben, Tote aufzuerwecken?

Die Bibel hat doch recht. Und das ist ein weiterer Grund, ernsthaft über Christwerden und Christsein nachzudenken.

5. Jesus weiß, was Sterben heißt

Ich gehe ins Nirgendwo, immer ins Nirgendwo, und immmer und immer wieder ins Nirgendwo. Friedrich Nietzsche

Da nun Jesus den Essig genommen hatte, sprach er: Es ist vollbracht! und neigte das Haupt und starb. Johannes 19,30

Der Tod ist das sicherste Ereignis unseres Lebens. Seit der Geburt steht fest, daß wir sterben müssen. Keiner ist von dieser Gesetzmäßigkeit ausgenommen. Und doch denken viele Menschen kaum oder gar nicht über den Tod nach.

Der Tod wird verdrängt

Der Tod gehört zu einem der großen Tabus unserer Gesellschaft. War früher, im viktorianischen Zeitalter, die Sexualität als Gesprächsthema in feineren Kreisen verpönt, so gilt dies heute für die Religion und den Tod. Auch das Sterben ist aus dem vertrauten Kreis der Familie in die unpersönliche Atmosphäre des neonerleuchteten Krankenzimmers verbannt worden. Wo es nur geht, schieben wir den Tod ab. Und doch werden wir ihn so nicht los. Die Tatsache, daß wir ihn verdrängen, bewirkt nur, daß er uns um so härter trifft.
Wie hart der Tod ist, wissen die, die erlebt haben, wie enge Freunde oder Familienangehörige gestorben sind. Der Tod ist keine angenehme Angelegenheit, und wir sollten ihn auch nicht verniedlichen.
Die Bibel tut das auch nicht. Paulus spricht realistisch vom »Stachel des Todes« (1. Korinther 15,56). Der Tod ist endgültig. Da kann man nicht mehr diskutieren. Er ist wie eine Grenze, auf die wir uns alle zubewegen und bei der niemand genau weiß, was dahinter liegt.

Im Tod wird deutlich, was Bestand hat

Der Tod ist nicht nur die Grenze des Lebens, er ist auch der Prüfstein für unser Leben. Hier wird offenbar, was Bestand hat und was nicht. Von der Perspektive des Sterbens aus gesehen wird vieles in unserem Leben zweitrangig und relativ.

Der Maßstab des Todes als Maßstab für unser Leben war den Menschen im Mittelalter noch bewußt. Sie wußten, daß sie *sub specie aeternitatis,* unter dem Blickwinkel der Ewigkeit ihr Leben führten. Und die mittelalterlichen Bußprediger zogen durch die Dörfer und Städte mit dem Ruf: »*Memento mori!*« — Denke daran, daß du sterben mußt!

Welch einen Einschnitt der Tod bedeutet, habe ich vor zwei Jahren erlebt, als Elke, meine Frau, wegen einer schweren Krankheit an der Schwelle des Todes stand. Inzwischen ist sie wieder gesund, wofür wir sehr dankbar sind. In jenen Augenblicken, Stunden und Tagen aber stellten wir uns die Frage: Was hat jetzt eigentlich noch Bestand? Was bleibt wirklich übrig von all dem, was wir getan haben? Was können wir mitnehmen in die Gegenwart Gottes? Und auch die andere Frage: Was trägt jetzt eigentlich noch? Freundschaften, Besitztümer, Leistungen, die einer errungen hat? All das muß ja zurückbleiben.

Auch im Sterben ist Jesus nahe

Aber wir haben erfahren: eines bleibt. Und das kann uns keiner wegnehmen. Gerade in jenen schwierigen Stunden wurde uns deutlich, wie nahe Jesus ist. Daß er kein Mythos ist, kein Produkt unserer Einbildung, sondern daß er wirklich da ist. Daß er trägt, tröstet, hilft. Das ist möglich, weil Jesus lebt. (Darüber handelt das nächste Kapitel.) Aber es ist auch deshalb möglich, weil Jesus selbst den Tod geschmeckt hat. Er kennt das Sterben aus eigener Erfahrung. Denn er ist Jesus, der Gekreuzigte und Auferstandene.

Das Kreuz Jesu: ein Skandal

Das Kreuz Jesu ist zentral für den christlichen Glauben. Besser gesagt: Der Tod Jesu am Kreuz ist zentral. Denn hier unterscheidet sich Jesus von allen Religionsstiftern. Und hier entscheidet sich auch unser Schicksal als Menschen.

Der Kasseler Pastor Ulrich Parzany berichtet von einer Begebenheit während seines Vikariats in Jerusalem. Er war von einer reichen muslimischen Familie eingeladen worden. Während des Essens fragt ihn die Dame des Hauses: »Wie könnt ihr Christen an einen gekreuzigten Propheten glauben? Überall in euren Kirchen befinden sich Kreuze. Das sind doch Folterinstrumente! Wie könnt ihr glauben, daß ein Gesandter Gottes gestorben ist?«

Diese arabische Frau hat den Anstoß verstanden, den der Kreuzestod Jesu eigentlich bietet. Wir im Westen haben uns durch jahrhundertelange christliche Predigt daran gewöhnt. Wir tragen Kreuze in Gold oder Silber um den Hals und begreifen nicht mehr, wie blutig und grausam ein Kreuzestod war. Daran war nichts Niedliches. Es war anstößig, überhaupt über ein so schmutziges Geschäft wie eine Kreuzigung zu reden.

Noch anstößiger aber war es, an einen gekreuzigten Gott zu glauben. Unter den Wandkritzeleien aus dem Rom des ersten Jahrhunderts findet sich die Darstellung eines Gekreuzigten mit Eselskopf. Vor ihm kniet ein Mann mit ausgebreiteten Armen, also in der Gebetshaltung der Antike. Darunter die Worte: Alexamenos betet seinen Gott an.

Hier wurde also ein ansonsten unbekannter Christ namens Alexamenos, vielleicht ein Sklave am kaiserlichen Hof, verspottet, weil er einen am Kreuz Hingerichteten als Gott anbetet. Das ist so absurd, als wenn man einen gekreuzigten Esel verehrt.

Paulus, der große Botschafter des christlichen Glaubens, wußte, wie absurd das dem normalen Menschen erscheinen mußte. Er hatte die Botschaft vom gekreuzigten und auferstandenen Jesus ja selbst auch abgelehnt, bis er selbst Jesus begegnete. Er schreibt: Wir predigen den gekreuzigten Christus, *für die Juden ein Skandal und für die Griechen eine Verrücktheit* (1. Korinther 1,23). Das war damals das Empfinden jedes vernünftigen Menschen. Wir wollen uns einmal klarmachen, was eine Kreuzigung wirklich bedeutete.

Ein Tod für Sklaven

Die Römer hatten diese furchtbare Methode der Todesstrafe von den Karthagern übernommen, die sie ja in den drei großen punischen Kriegen besiegt hatten. Die Sieger übernahmen von den Besiegten das Grausamste, was die auf Lager hatten.

Auch die Römer empfanden, wie furchtbar ein Tod am Kreuz war. Deshalb blieb er nur Nichtrömern und Sklaven vorbehalten. Ein Römer, der nach dem Gesetz den Tod verdient hatte, wurde mit dem Schwert enthauptet. Deshalb erlitt Paulus nach der Überlieferung als römischer Bürger auch den Tod durch das Schwert, während Petrus als Nichtrömer gekreuzigt worden sein soll. Übrigens, so die Überlieferung, mit dem Kopf nach unten, weil er sich nicht für würdig hielt, wie sein Meister Jesus zu sterben.
Im Laufe der Jahre waren die Römer Experten für Kreuzigungen geworden. In seinem Werk »Über den Jüdischen Krieg« berichtet Josephus davon, daß in den Monaten der Belagerung Jerusalems auf den Hügeln, die die Stadt umgeben, Tausende von Kreuzen aufgerichtet waren. Jeder, der versuchte, aus der Stadt zu fliehen, in der Hunger und Schrecken wüteten, und von den Römern abgefangen wurde, wurde zur Abschreckung an ein Kreuz genagelt.
Weil die römischen Soldaten die Leichname nicht mehr abnahmen, waren natürlich auch Scharen von Geiern und anderen wilden Tieren da. Es muß eine furchtbare, erschreckende Szenerie gewesen sein. Tausende von Kreuzen, wo man nur hinschaute.
Die Römer wußten also, wie man einen Menschen kreuzigt. Und sie hatten vielfach Sonderkommandos, die dieses schmutzige Geschäft ausführen mußten. Deren Vorrecht war es dann, die Habseligkeiten der Hingerichteten unter sich aufzuteilen.
In den Evangelien wird berichtet, daß die Soldaten die Kleider Jesu unter sich teilten. Nur das Obergewand, das aus einem Stück gewebt und offensichtlich etwas wert war, wollten sie nicht zerschneiden. So losten sie darum. Auch in diesem Detail zeigt sich die historische Zuverlässigkeit der Evangelienberichte.

Ein elendes Sterben

Der Tod am Kreuz gehört zu den schmerzvollsten, den Menschen sich ausgedacht haben. Der Verurteilte mußte den Querbalken selbst zum Hinrichtungsort tragen oder schleifen. Dort standen die senkrechten Balken fest in der Erde eingestampft. Der Querbalken wurde auf den Boden gelegt und die Handgelenke des Verurteilten daraufgenagelt. Manchmal wurden sie auch mit Stricken festgebunden.

Auf mittelalterlichen Kreuzigungsbildern sind häufig die Nägel durch die Handflächen getrieben gemalt. Das entspricht aber nicht der römischen Praxis, weil das zu leicht ausgerissen wäre. Vielmehr nagelten sie die Verurteilten zwischen Handwurzel und Handgelenk fest. Dann wurde der Querbalken mitsamt dem Menschen am senkrechten Balken hochgezogen, bis er in einer kleinen Vertiefung einrastete. Schließlich wurden die Füße aufeinandergelegt und ein langer Nagel durch sie getrieben. Außerdem lagen die Füße noch auf einem kleinen Sockel auf. Darauf konnte sich der Gekreuzigte abstützen und immer wieder ein Stück aufrichten, um Luft zu holen. Er litt nämlich unter ständiger Atemnot, weil der Brustkorb durch das Gewicht des Körpers, der an den Armen zog, zusammengepreßt wurde. Die eigentliche Todesursache war meist Ersticken.

Der Todeskampf am Kreuz konnte sich manchmal über mehrere Tage hinziehen, je nachdem, wie lange der Hingerichtete noch Kraft hatte, sich wieder aufzurichten, um neue Luft zu schöpfen. Viele starben aber auch schon vorher durch den Blutverlust oder an Herzversagen. In manchen Fällen brachen die Soldaten die Beine der Gekreuzigten, um den Tod zu beschleunigen. Sie konnten sich dann nicht mehr hochziehen und erstickten innerhalb weniger Minuten.

Auf jeden Fall muß der Anblick und das Stöhnen der sich in schmerzvollster Agonie hebenden und senkenden Körper furchtbar gewesen sein.

Das Kreuz überlebte keiner

Die römischen Kreuzigungskommandos waren Experten. Sie wußten, wann jemand tot war und wann nicht. Und sie mußten selbst mit der Todesstrafe rechnen, wenn sie jemanden überleben ließen. Deshalb ist die These lächerlich, Jesus sei nur scheintot gewesen, als sie ihn vom Kreuz abnahmen. Diese Annahme kam zuerst in der Gnosis auf und wurde in letzter Zeit von der Ahmadiyya-Muslim Bewegung (die vom orthodoxen Islam als nicht islamisch exkommuniziert wurde) im Westen verbreitet; auch einige neuere Jesusbücher haben sich dieser These angeschlossen. Doch auch die ständige Wiederholung der Scheintodhypothese macht sie weder wahrer noch glaubwürdiger.

Jesus war wirklich tot, so tot, wie man nach einer Geißelung mit dem entsprechenden Blutverlust (Jesus war noch nicht einmal mehr in der Lage, den Querbalken des Kreuzes selbst zu tragen) und einer römischen Kreuzigung nur sein kann.

Interessanterweise findet sich im Johannesevangelium ein Hinweis, der dies stark erhärtet. Der Augenzeuge sagt dort: *Da kamen die Soldaten und brachen dem ersten die Beine und dem anderen, der mit ihm gekreuzigt war. Als sie zu Jesus kamen und sahen, daß er schon gestorben war, brachen sie ihm die Beine nicht, sondern einer der Soldaten öffnete seine Seite mit einem Speer, und sofort trat Blut und Wasser heraus. Und der das gesehen hat, der hat es bezeugt* (Johannes 19,32-35).

In diesem kurzen Bericht finden sich zwei deutliche Hinweise auf die Tatsächlichkeit des Kreuzestodes Jesu. Der eine: Die Soldaten wollten auf Bitten der jüdischen Führer die Beinknochen aller drei Hingerichteten zerbrechen, damit sie schnell sterben und noch vor dem großen jüdischen Fest beerdigt werden konnten. Denn sonst hätten sie das Fest verunreinigt (Johannes 19,31). Das war aber im Fall Jesus schon nicht mehr nötig. Er war bereits tot.

Der zweite Hinweis: Als der Speer in die Seite Jesu gestoßen wurde, kamen zwei Arten von Flüssigkeit heraus, »Blut« und »Wasser«. Hätte das Herz Jesu noch gearbeitet, so wäre rotes Blut im hohen Bogen aus der Arterie geschossen. So aber hatten sich schon Serum und Blutklumpen getrennt, ein eindeutiger medizinischer Befund. Jesus war tot.

Allah der Allmächtige oder Jesus der Gekreuzigte?

Warum betone ich das so? Ganz einfach: Weil die Tatsache des Todes Jesu immer wieder bestritten wird — zum Beispiel vom Islam, dem immerhin etwa ein Siebtel der Menschheit und an die zwei Millionen Menschen in Deutschland angehören.

In Sure 4 heißt es: »Sie haben ihn nicht getötet und auch nicht gekreuzigt. Vielmehr erschien ihnen ein anderer ähnlich ... Gott ist mächtig und weise« (Koran, Sure 4, 156-158).

Hier ist nicht der Platz, ausführlich auf die Auslegung dieser Koranverse einzugehen. Ich habe das an anderer Stelle getan (R. Gerhardt/R. Werner: Tausend und eine Geschichte). Nur dies soll gesagt sein: Für Mohammed und mit ihm für viele Muslime ist es unvorstellbar, daß Gott eine solche Niederlage einstecken könnte, daß sein Gesandter (als der Jesus akzeptiert wird) gekreuzigt wird. Das ginge gegen seine Ehre. Nein, er ist mächtig und weise und kann seine Boten beschützen.

Der Koran, der 600 Jahre nach dem Tod Jesu zusammengestellt wurde, leugnet also den Kreuzestod Jesu. Nicht aufgrund neuerer geschichtlicher Erkenntnisse, sondern um die Ehre Gottes zu retten. Denn Gott kann es sich nach islamischer Auffassung nicht leisten, schwach zu sein, Verlierer zu sein. Nein, er ist allmächtig und würde eine solche Niederlage wie eine Kreuzigung seines Boten nie einstecken!

Die gute Nachricht: Gott wird schwach

Gerade vor diesem Hintergrund wird deutlich, wie ganz anders, wie revolutionär die Botschaft des Neuen Testaments ist: *Gott war in Christus* (am Kreuz) *und versöhnte die Welt mit sich selbst* (2. Korinther 5,19). Gerade am Kreuz, in der äußersten Schwachheit, ist die Überwindung des Todes, der Sünde und des Teufels geschehen.

Jesus hat das so vorausgesagt: *Der Menschensohn wird überantwortet werden in die Hände der Menschen, und sie werden ihn töten, und am dritten Tag wird er auferstehen. Und sie* (die Jünger) *wurden sehr betrübt* (Matthäus 17,22-23).

Auch für die Jünger Jesu war es nicht verständlich, daß Gott diesen Weg wählen würde. Sie hofften, wie der Islam heute, auf eine politische Herrschaft Gottes. Der Messias, so erwarteten sie, wird die Römer vertreiben, sich selbst auf den Thron seines Vorvaters David setzen und das Reich Gottes auf die Erde bringen.

Jesus aber sagte etwas ganz anderes. Er ging ganz bewußt auf das Kreuz zu. Er war bereit zu sterben. Jesus wußte, daß Gottes Gedanken anders und höher sind als unsere Gedanken. Er wußte, daß Gottes Reich nicht mit äußerlicher Gewalt kommt, sondern durch Gehorsam, Leiden und Sterben geboren wird: *Wenn das Weizenkorn nicht in die Erde fällt und stirbt, so bleibt es allein. Wenn es aber stirbt, so bringt es viel Frucht* (Johannes 12,24). Und er meinte mit dem Weizenkorn sich selbst. Denn er selbst ist das Brot des Lebens.

Jesus ist der leidende Gottesknecht

Jesus identifizierte sich mit dem geheimnisvollen Knecht Gottes, den der Prophet Jesaja vorausgesagt hatte. In mehreren Prophetien sprach er von einem, der kommen wird und das Leiden des Volkes auf sich nehmen wird. Jesaja charakterisierte diesen Gottesknecht so:
Er wird sanftmütig sein, nicht schreien oder rufen. Und doch wird er den Völkern das Recht Gottes bringen. Er wird das geknickte Schilfgras nicht vollends zerbrechen und den gerade noch glimmenden Docht nicht auslöschen. Er selbst, obwohl gefährdet, wird nicht verlöschen und zerbrechen, sondern Gottes Wort den fernsten Inseln bringen (Jesaja 42,1-4).
Der Knecht Gottes dachte, er arbeite umsonst und mühe sich vergeblich ab. Aber Gott macht ihn zum Licht für die Heidenvölker, zum Heil für die ganze Welt (Jesaja 49,4-7).
Er bietet seinen Rücken denen, die ihn schlagen. Er versteckt sein Gesicht nicht vor Schmach und Speichel. Aber Gott hilft ihm, so daß er nicht zuschanden wird (Jesaja 50,4-8).
Wer ist dieser Gottesknecht? Bis heute sind sich die jüdischen Ausleger nicht sicher. Sie deuten es auf Jesaja selbst, auf Israel als ganzes Volk, auf einen heiligen Überrest des Volkes oder auf einen ansonsten unbekannten Propheten. Aber alle diese Gleichsetzungen greifen nicht. Offensichtlich ist er ein von Gott besonders ausgewählter und bevollmächtigter Bote, denn er bringt alle Völker der Erde zu Gott.
Aber sein Leben ist auch gefährdet, er wird geschlagen, angespuckt, ja die Gefahr ist, daß er ganz zerbricht und zu-

schanden wird. Wer ist er? Die jüdische Synagoge hat keine befriedigende Antwort. Deshalb weicht sie dieser Frage aus. Noch schwieriger wird es für sie beim vierten Gottesknechtlied. Die Hinweise auf Jesus sind so deutlich, daß viele Juden, in allen Jahrhunderten, beim Lesen dieser Prophetie zum Glauben an Jesus gekommen sind. Das ist wohl der Grund, warum dieses Kapitel — Jesaja 53 — in den regelmäßigen Lesungen in vielen Synagogen seit den ersten Jahrhunderten nach Christus übersprungen wird. Es ist einfach zu heiß.

Jesus jedenfalls bezog es auf sich. In einem Wort über sich selbst, das selbst von den allerkritischsten Forschern meist als echt, als von Jesus selbst stammend angesehen wird, bezieht sich Jesus auf diese Aufgabe des leidenden Gottesknechts und verbindet sie mit der Aufgabe des von Daniel vorhergesagten Menschensohns, der ja der von Gott eingesetzte Richter über die Welt ist: *Der Sohn des Menschen ist nicht gekommen, um sich dienen zu lassen, sondern um zu dienen und sein Leben zu geben als Lösegeld für viele* (Markus 10,45). — Die Anklänge an Jesaja 53,10-12 in diesem Wort Jesu sind unübersehbar.

Eine erstaunliche Prophetie

Weil dieses Kapitel, viele hundert Jahre vor Jesus geschrieben, eine solche Rolle für Jesus und die ersten Christen gespielt hat (es gehört zu den Stellen des Alten Testaments, die im Neuen Testament am häufigsten zitiert werden), will ich es hier ausschnittweise zitieren. Unter anderem aufgrund dieser Prophetie konnten die ersten Christen verstehen, warum Christus leiden und sterben mußte, warum sein Tod kein Unfall war, sondern das Zentrum des Planes Gottes zur Erlösung der Welt.

Siehe, meinem Knecht wird es gelingen, er wird erhöht und sehr hoch erhaben sein. Wie sich viele über ihn entsetzten, weil seine Gestalt häßlicher war als die anderer Leute und sein Aussehen als das der Menschenkinder, so wird er viele Heiden besprengen (d.h. ihnen die Vergebung bringen), *daß auch Könige werden ihren Mund vor ihm zuhalten. Denn denen*

nichts davon verkündet ist, die werden es nun sehen, und die nichts davon gehört haben, die werden es merken . . .
Er hatte keine Gestalt und Hoheit. Wir sahen ihn, aber da war keine Gestalt, die uns gefallen hätte. Er war der Allerverachtetste und Unwerteste, voller Schmerzen und Krankheit. Er war so verachtet, daß man das Angesicht vor ihm verbarg; darum haben wir ihn für nichts geachtet. Fürwahr, er trug unsre Krankheit und lud auf sich unsre Schmerzen. Wir aber hielten ihn für den, der geplagt und von Gott geschlagen und gemartert wäre.
Aber er ist um unsrer Missetat willen verwundet und um unsrer Sünde willen geschlagen. Die Strafe liegt auf ihm, auf daß wir Frieden hätten, und durch seine Wunden sind wir geheilt. Wir gingen alle in die Irre wie Schafe, ein jeder sah auf seinen Weg. Aber der Herr warf unser aller Sünde auf ihn. Als er gemartert wurde, litt er doch willig und tat seinen Mund nicht auf wie ein Lamm, das zur Schlachtbank geführt wird . . .
Er ist aus Angst und Gericht hinweggenommen. Wer aber kann sein Geschick ermessen? Denn er ist aus dem Lande der Lebendigen weggerissen, da er für die Missetat meines Volks geplagt war. Und man gab ihm sein Grab bei Gottlosen und bei Übeltätern, als er gestorben war, wiewohl er niemand Unrecht getan hat und kein Betrug in seinem Mund gewesen ist. So wollte ihn der Herr zerschlagen mit Krankheit.
Wenn er sein Leben zum Schuldopfer gegeben hat, wird er Nachkommen haben und in die Länge leben, und des Herrn Plan wird durch seine Hand gelingen. Weil seine Seele sich abgemüht hat, wird er das Licht schauen und die Fülle haben. Und durch seine Erkenntnis wird er, mein Knecht, der Gerechte, den Vielen Gerechtigkeit schaffen; denn er trägt ihre Sünden . . . Er soll die Starken zum Raube haben, dafür daß er sein Leben in den Tod gegeben hat und den Übeltätern gleichgerechnet ist und er die Sünde der Vielen getragen hat und für die Übeltäter gebeten. Jesaja 52,13 — 53,12

Eine erstaunliche Prophetie, die bis hinein in die Einzelheiten im Sterben Jesu erfüllt wurde! Zusammen mit Psalm 22 ergibt dies ein überaus zutreffendes Bild des Todes Jesu am Kreuz. Beide Texte wurden mehrere hundert Jahre vor dem Kommen Jesu geschrieben. Zusammen mit vielen anderen Prophetien

im Alten Testament öffnen sie uns das Verständnis für das, was am Kreuz geschah.
Aber ich bin nicht Christ aufgrund der erstaunlichen Erfüllung dieser (und vieler anderer) alttestamentlicher Weissagungen über das Sterben Jesu. Sondern vielmehr, weil ich erkannt habe, daß Gott hier wirklich offenbart wird: im Kreuzestod Jesu.

Jesus weiß, was Sterben heißt

Der Gott, an den ich glaube, ist kein ferner, unnahbarer Gott, unerschüttert von allem, was diese Welt und mich bewegt. Sondern er ist der Gott, der in Jesus selbst Mensch wurde, lebte, litt und starb wie wir. Es ist Jesus, der *in allen Dingen seinen Brüdern gleich wurde* (Hebräer 2,17) und der auch weiß, was Sterben heißt. Der in seinem Sterben den Tod, der mir noch bevorsteht, entmachtet hat, der in seinem Tod alle meine Sünde mit ins Grab genommen hat, so daß ich eine alles umfassende Vergebung erleben kann, und der am Kreuz über alle Gewalt der Finsternis gesiegt hat (Kolosser 2,13-15). Deshalb bin und bleibe ich Christ. Reicht dieser Grund auch für Sie?

6. Jesus ist wirklich auferstanden

Wenn ich nicht in seinen Händen die Nägelmale sehe und meinen Finger in die Nägelmale lege und meine Hand in seine Seite, kann ich es nicht glauben! Johannes 20,25

Die Auferstehung ist das zentrale Stück der Botschaft des Neuen Testaments. Mit ihr steht oder fällt alles. Die Wunder, die Jesus getan hat, sind dann kein Problem mehr, wenn die Auferstehung Tatsache ist. Wenn Jesus auferstanden ist, dann ist das die Bestätigung dafür, daß er wirklich von Gott gesandt ist.
Dann müssen wir nicht weiter suchen. Dann ist auch jedes Wunder, das in den Evangelien berichtet wird und manchen Zeitgenossen so viele Schwierigkeiten bereitet, möglich, ja wahrscheinlich geworden. Dann sind auch die anderen Aussagen des Neuen Testaments wahr: daß Jesus Gottes Sohn ist, daß er die Sünden der Welt am Kreuz auf sich genommen hat, daß er wiederkommen wird, um die neue Welt Gottes zu bringen, in der Friede und Gerechtigkeit herrschen werden.

Die Auferstehung Jesu: Zentrum des christlichen Glaubens

Wenn aber Jesus nicht auferstanden ist, dann fällt damit der ganze christliche Glaube in nichts zusammen. Dann ist das Neue Testament nicht mehr als eine einzige Täuschung. Dann finden wir darin zwar immer noch viele hilfreiche, gute, ermutigende Worte und Geschichten, aber mehr ist es dann auch nicht. Dann sind Christen letztlich Getäuschte, weil sie ihre Hoffnung auf einen toten Messias setzen, von dem sie meinen, er lebe.
Paulus hat das erkannt und sehr deutlich formuliert: *Ist Christus nicht auferstanden, so ist unsere Verkündigung vergeblich, so ist auch euer Glaube vergeblich. Wir wären aber auch als falsche Zeugen gegen Gott erfunden, weil wir gegen Gott gezeugt hätten, er habe Christus auferweckt, den er doch nicht auferweckt hätte ... Ist aber Christus nicht auferstanden, so ist euer Glaube nichtig, so seid ihr noch in euren Sünden ... Hoffen wir allein in diesem Leben auf Christus,*

so sind wir die elendesten unter allen Menschen (1. Korinther 15,14-19).
Für Paulus gab es nur die Alternative: Entweder stimmt es, daß Jesus auferstanden ist, oder es stimmt nicht. Ein Mittelding gibt es nicht.
Er war davon überzeugt, daß Jesus tatsächlich auferstanden war. Sonst hätte er sein Leben nicht so bedingungslos an den Jesus angebunden, dessen Anhänger er vorher so leidenschaftlich verfolgt hatte. Deshalb fährt er in dem Brief an die Korinther fort: *Nun aber ist Christus auferstanden von den Toten!* (V. 20).
Das war das Kernstück der Verkündigung der ersten Christen: Jesus Christus, den die jüdischen Führer abgelehnt und die Römer gekreuzigt haben, ist von Gott auferweckt und damit zum Herrn über alle erklärt worden (vgl. z.B. Apostelgeschichte 2,31-36). So sagte es Petrus in der ersten öffentlichen Predigt am Pfingsttag: *So wisse nun das ganze Haus Israel gewiß, daß Gott diesen Jesus, den ihr gekreuzigt habt, zum Herrn und Christus gemacht hat!* (V. 36). Und zwar, indem er ihn von den Toten auferweckt hat.

Eine strahlende Gewißheit

Die Gewißheit über die Auferstehung, die aus diesen Worten des Petrus spricht, war charakteristisch für die ersten Christen. Als Paulus auf seiner zweiten Missionsreise nach Athen kam, sprach er so enthusiastisch von *Iesous kai anastasis,* von Jesus und der Auferstehung, daß seine griechischen Zuhörer zuerst dachten, er würde ihnen ein neues Götterehepaar vorstellen, wie sie ja schon einige aus ihrer Mythologie kannten (Apostelgeschichte 17,18).
Im Gegensatz dazu ist es in vielen heutigen christlichen Kirchen relativ still um die Auferstehung geworden. Obwohl sie jeden Sonntag im Glaubensbekenntnis pflichtgemäß aufgezählt wird, scheinen viele doch Probleme mit ihr zu haben. Kaum hört man einmal ein klares Wort darüber.
Es herrschen Zweifel an der Geschichtlichkeit der Auferstehung Jesu. Kann man das als moderner Mensch überhaupt glauben? Oder hieße das, den Verstand an der Garderobe ab-

zugeben? Viel Schützenhilfe von den Fachleuten, den Theologen, bekommt der einfache Christ nicht. Im Gegenteil, manchmal scheint es, als sei gerade die Zunft der Theologen zu den Totengräbern der Auferstehungsgewißheit geworden. Neulich las ich in einer islamischen Propagandazeitschrift einen triumphierenden Artikel, wo mit Namennennung und Abdruck des Zitats deutsche evangelische Theologen aufgeführt wurden, die nicht an die Auferstehung Jesu glauben. Fazit der islamischen Zeitschrift: »Das haben wir ja schon immer gesagt. Sogar die Christen geben jetzt zu, daß die Bibel gefälscht worden ist.«

Wie tragisch! Und wie unnötig! Denn es ist in Wirklichkeit überhaupt kein Sprung ins Ungewisse oder in die Unwissenschaftlichkeit, wenn einer an die Auferstehung Jesu glaubt. Vielmehr gibt es viele Gründe, die es sehr wahrscheinlich machen, daß es sich mit der Auferstehung Jesu genauso verhalten hat, wie es im Neuen Testament festgehalten ist.

Ich möchte dazu einige Hinweise geben. Zum Glauben zwingen können und sollen sie natürlich niemanden. Aber sie können genug intellektuellen Hintergrund geben für den Glauben an Jesus den Auferstandenen. Der Glaube selbst entsteht aber erst in der persönlichen Begegnung mit ihm.

Wie Geschichtstatsachen als wahr erkannt werden

Es wird manchmal behauptet, daß die Auferstehung nicht beweisbar sei. Das stimmt, wenn man einen naturwissenschaftlichen Beweis will. In der Naturwissenschaft gilt eine Sache dann als bewiesen, wenn sie wiederholbar ist. Das Experiment muß immer wieder gelingen, sonst stimmt die Behauptung nicht.

Geschehnisse in der Geschichte aber kann man so nicht beweisen. Sie sind nicht wiederholbar, sondern immer einmalig. Das Argument, daß Jesus nicht von den Toten auferstanden sein kann, weil eine Auferstehung seitdem nicht mehr vorgekommen ist, ist äußerst schwach. Jedes geschichtliche Ereignis ist einmalig und unwiederholbar. Deshalb ist es streng naturwissenschaftlich niemals beweisbar.

Daß Hannibal vor Rom stand, daß Cäsar den Rubikon überschritt und daß Cleopatra sich in Markus Antonius verliebte, kann niemand naturwissenschaftlich beweisen. Keiner von uns war dabei. Warum glauben wir es dennoch? Weil wir aufgrund von Hinweisen und Indizien geschichtliche Ereignisse als tatsächlich geschehen anerkennen.

Wie sieht ein solcher Indizienbeweis aus? Zuerst einmal gibt es die Augenzeugen, die etwas berichten. Sie mögen lügen, aber sie könnten auch die Wahrheit sagen. Wichtig ist, ihr Interesse abzuwägen. Wenn eine bestimmte Aussage für sie Vorteil bringt, so ist Vorsicht angeraten.

Zweitens urteilen wir nach den Auswirkungen, die ein Ereignis gehabt hat. Als Hannibal vor Rom stand, waren zum ersten Mal Elephanten über die Alpen gekommen, und viele Bewohner der italischen Halbinsel sahen diese von den Karthagern zu Kriegszwecken dressierten Tiere zum ersten Mal in ihrem Leben. Denkbar ist also, daß ein italischer Bauer das Ereignis in einer Zeichnung verarbeitet hat und wir bei einer Ausgrabung ein italisches Bauernhaus aus jener Zeit finden, in dem Wandzeichnungen von Elephanten erkennbar wären. Das wäre dann eine Auswirkung von Hannibals Kommen vor die Tore Roms und wäre ein wichtiger Hinweis.

Natürlich können wir nie ganz ausschließen, daß der Bauer oder ein anderer aus der Familie eine Reise nach Nordafrika gemacht hat, wo er selbst Elephanten gesehen hat, die er nun zu Hause an die Wände malt. Dann wären seine Elephanten kein Beweis für Hannibal. Aber auch kein Gegenbeweis, denn der Bauer kann selbst in Nordafrika gewesen sein, während Hannibal mit den Elephanten an seiner Haustür vorbeizog.

Dies soll nur als Beispiel dienen, welcher Art geschichtliche Urteile sein können. Letztlich beweisen läßt sich kein geschichtliches Ereignis. Wir können aber auf die Aussagen der Zeugen hören und außerdem weitere Indizien sammeln. So ist ein relativ sicheres Urteil möglich. So arbeiten nicht nur Geschichtsforscher, sondern auch die Gerichte. Und schließlich wir alle, wenn wir Genaues über einen Vorgang in der Vergangenheit wissen wollen, bei dem wir nicht dabei waren.

Was heißt das für die Auferstehung?

Wie ich schon gezeigt habe, sind die Texte des Neuen Testaments, wie sie uns heute vorliegen, zu 99 Prozent so, wie sie geschrieben wurden. Wir haben hier also Primärquellen vor uns, geschrieben von ganz unterschiedlichen, unabhängigen Menschen zu unterschiedlichen Zeiten an unterschiedlichen Orten. Sie alle aber berichten oder gehen zumindest von der Tatsache aus, daß Jesus auferstanden ist. Haben sie sich alle getäuscht? Oder haben alle gelogen? Welches Interesse hätten sie dabei gehabt?
Es ist hier nicht der Ort, in allen Einzelheiten den Indizienbeweis für die Auferstehung anzutreten. Ich will nur einige Hinweise geben (und verweise auf die angegebene Literatur zum eigenen Weiterarbeiten).

Das leere Grab

Daß Jesus am Kreuz gestorben ist, daran besteht gar kein Zweifel. Daran, daß er in ein Grab in Jerusalem gelegt wurde, auch nicht. Und daß das Grab am dritten Tag leer war, ist ebenso sicher. Alle Evangelien berichten davon. Auch die Gegner Jesu mußten das zugeben. Nur die Erklärungen, warum das Grab leer war, sind unterschiedlich.
Es gibt grundsätzlich drei denkbare Möglichkeiten: 1. Jesus ist auferstanden. 2. Jemand hat seinen Leichnam geraubt. 3. Jesus war gar nicht tot, hat den Grabstein weggerollt, die Wachen erschreckt und ist dann seinen Jüngern erschienen, wobei der Eindruck, den er machte, so überzeugend war, daß sie von nun an dafür lebten, aller Welt zu erzählen, daß Jesus Sieger über den Tod sei.
Die dritte Möglichkeit ist gar nicht diskutabel. Wie ich schon dargelegt habe, ließen die Römer niemanden lebendig von einem Kreuz herabsteigen. Wäre Jesus aber, wie manchmal behauptet wird, nur scheintot gewesen und in der kühlen Grabkammer wieder zu sich gekommen, wäre da immer noch das Problem, wie er den Rollstein von innen aufdrücken sollte. Die Konstruktion war zu jener Zeit so, daß Grabverschlußsteine von der Seite in eine eigens gefertigte Mulde gerollt wurden und nur mit mehreren Männern zur Seite ge-

schoben werden konnten. Deshalb auch die Frage der Frauen: *Wer rollt uns den Stein vom Grab?* (Markus 16,3). Wenn sie es zu mehreren von außen nicht konnten, so konnte es ein gerade von einer Geißelung und Kreuzigung sich erholender Jesus von innen her erst recht nicht. Nein, diese Möglichkeit ist out.

Bleiben also noch die beiden ersten. Nehmen wir an, jemand hätte den Leichnam Jesu geraubt. Frage: Wer? Und auch: Wie wäre das Problem der eigens aufgestellten Wachen gelöst worden?

Aber davon abgesehen: Wer hätte denn ein Interesse gehabt, den toten Jesus zu stehlen? Die Römer fallen aus. Sie wollten nur Ruhe und hätten überhaupt kein Motiv gehabt. Bleiben also die jüdischen Volksführer und die Jünger. Die Juden hätten kein echtes Motiv gehabt. Sie wollten doch, daß Jesus endlich aus dem Weg geräumt war und allen im Volk klar wurde, daß er nicht der Messias ist. Ein mysteriöses Verschwinden seiner Leiche hätte nur neue Hoffnungen auf Jesus auslösen können. Hätten sie die Leiche gehabt, so hätten sie bei Entstehen der christlichen Gemeinde wenige Wochen später nur den Körper des toten Jesus in einem öffentlichen Zug durch Jerusalem zu führen brauchen, um alle Verkündigung, Jesus sei auferstanden, ein für alle Mal zu beenden. Daß sie es nicht taten, hat nur diesen einen Grund: Sie hatten den Körper des toten Jesus gar nicht.

Nun bleiben noch die Jünger übrig. Was für ein Motiv hätten sie gehabt? Gut, sie hätten vielleicht ein eigenes Grabmal bauen können, an einem unbekannten Ort, wo sie unbehelligt von Römern und jüdischer Führung ihre Erinnerung an Jesus hätten nähren können. Aber die Jünger hatten nichts dergleichen im Sinn. Sie wollten nur noch eines: weg von der Illusion. Zurück dahin, wo sie hergekommen waren. Wieder in den Beruf einsteigen. Jesus vergessen. Fort von Jerusalem, wo all das Schreckliche passiert war.

Es ist unvorstellbar, daß diese enttäuschten, in den Grundfesten ihres Lebens erschütterten Jünger sich alle verabredet hätten, den Körper des toten Jesus zu stehlen (mit allen Risiken, die das mit sich gebracht hätte) und dann in alle Welt zu gehen mit der Botschaft, daß Jesus auferstanden sei und als

Herr und König wiederkommen werde, während sie genau wußten, an welchem Ort sie ihn heimlich beerdigt hatten und er jetzt langsam vor sich hinmoderte. Und selbst wenn sie dieses Unwahrscheinliche eine Zeitlang durchgehalten hätten, so ist doch unvorstellbar, daß sie alle bereit gewesen wären, für etwas freudig in den Tod zu gehen, wovon sie genau wußten, daß es eine Lüge war.

Denkbar wäre noch, als letzte Möglichkeit, daß irgendwelche Unbeteiligten Jesu Leichnam gestohlen hätten. Doch auch dann bleibt die Frage der Motive offen. Ebenso die Frage, ob das überhaupt machbar gewesen wäre angesichts der römischen Wachen und wie dann die Erscheinungen des Auferstandenen vor den Jüngern zu erklären sind.

Genauso schwach ist die Annahme, die Frauen, die am frühen Morgen zum Grab kamen, hätten das richtige Grab nicht mehr gefunden, weil sie bei der Grablegung aufgrund des vielen Weinens nicht richtig geschaut hatten. Dann hätte spätestens nach einigen Wochen ein römischer Soldat oder ein anteilnehmender Hoherpriester den verwirrten Jüngerinnen und Jüngern Jesu das richtige Grab gezeigt. Nein, das leere Grab bleibt unerklärbar, wenn nicht Jesus tatsächlich auferstanden ist.

Die Erscheinungen Jesu

Neben den Berichten in den Evangelien, in denen Jesus als Auferstandener sich seinen Jüngern zu erkennen gibt, findet sich im Brief des Paulus an die Gemeinde in Korinth ein bemerkenswertes Zeugnis von der Auferstehung Jesu. Paulus schreibt dort: *Ich habe euch zuerst weitergegeben, was ich selbst auch empfangen habe: daß Christus gestorben ist für unsere Sünden nach der Schrift, daß er begraben worden ist und daß er auferstanden ist am dritten Tage nach der Schrift und daß er von Kephas gesehen worden ist, danach von den Zwölfen. Danach ist er von mehr als fünfhundert Brüdern auf einmal gesehen worden, von denen die meisten noch heute leben, etliche aber sind entschlafen. Danach ist er von Jakobus gesehen worden, danach von allen Aposteln. Am letzten von allen ist er auch von mir als einer unzeitigen*

Geburt gesehen worden (1. Korinther 15,3-8).
Auch über diese Aussagen des Paulus könnte man ein eigenes Buch schreiben. Einige Punkte:
Paulus schreibt im Jahre 53 (56?) an die Korinther, denen er einige Jahre vorher die Botschaft von Jesus gebracht hat. Er erinnert sie an etwas, was er ihnen als Tradition (so wörtlich) überliefert hat und (das ist entscheidend) was er selbst schon als festgefügte Tradition zum Auswendiglernen übernommen hat, als er Christ wurde. Und das war etwa drei Jahre nach der Auferstehung Jesu!
Nun ist Paulus nicht durch die Übernahme dieser Tradition Christ geworden oder von der Tatsache der Auferstehung überzeugt worden. Nein, er hatte ja Christus selbst als Auferstandenen gesehen. Er war persönlich von Christus überzeugt worden. Aber dennoch lernte er, wie alle Christen damals, die Liste derer auswendig, die vor ihm persönlich dem Auferstandenen begegnet waren.
Neuere Forschungen haben gezeigt, daß diese Art der Überlieferung, die in Anlehnung an rabbinische Methoden gebildet worden war, auch in der jungen Christenbewegung eine wichtige Rolle spielte. So gab Paulus den Korinthern die Auflistung der Augenzeugen weiter, die er in seiner Grundunterweisung im christlichen Glauben selbst auswendig gelernt hatte. Und diese Namensliste ist eindrucksvoll!
Das Aufregendste dabei aber ist, daß die Aufforderung gleich mitgeliefert wurde, diese Leute persönlich zu befragen. In den fünfziger Jahren mußte Paulus zwar schon die Einschränkung machen, daß einige inzwischen gestorben waren, aber die Einladung zur persönlichen Untersuchung galt noch gleichermaßen. Es ging Paulus und den anderen ersten Christen offensichtlich tatsächlich darum, festzuhalten, daß Jesus wirklich, historisch nachprüfbar, auferstanden war. Waren alle diese Erscheinungen Halluzinationen? Höchst unwahrscheinlich.
Halluzinationen geschehen meist unter bestimmten Umständen. Eine psychische Bereitschaft muß vorhanden sein. Die Jünger waren aber alles andere als geneigt, sich wieder täuschen und ein X für ein U vormachen zu lassen. Jakobus, der Bruder Jesu, und die übrigen Glieder der irdischen Fa-

milie Jesu waren bis dahin noch gar nicht seine Jünger. Wir müssen annehmen, daß zumindest Jakobus, wie Paulus, erst durch die Begegnung mit dem auferstandenen Jesus zum Christen wurde.
Halluzinationen sind meist ortsgebunden. Die Erscheinungen des Auferstandenen aber ereigneten sich an allen möglichen Orten: im verschlossenen oberen Saal, auf der Straße nach Emmaus, am Grab, am galiläischen Meer, auf dem Ölberg, auf der Straße nach Damaskus.
Halluzinationen wiederholen sich meistens immer wieder. Die Erscheinungen Jesu aber geschahen während eines genau umrissenen Zeitraums von 40 Tagen (mit Ausnahme der Erscheinung, die Paulus einige Jahre später auf der Straße nach Damaskus erlebte). Im übrigen haben Halluzinationen auch keine derart positiven Auswirkungen, wie es bei den Erscheinungen des Auferstandenen der Fall war.

Die Veränderung der Jünger

Hier sind wir bei einem Punkt angelangt, der jedem aufmerksamen Bibelleser auffällt. Die Jünger waren wenige Tage nach der Kreuzigung Jesu völlig verändert.
Waren sie vorher verstört, so hatten sie nun eine Zielstrebigkeit in ihrem Handeln. Vorher trafen sie sich ängstlich hinter verschlossenen Türen. Plötzlich standen sie mitten auf der Straße und verkündeten großen Menschengruppen, daß der als Verbrecher hingerichtete Jesus Gottes Sohn ist. Wollten sie vorher noch in ihre galiläische Heimat zurückkehren und alles vergessen, was mit Jesus zu tun hatte, so waren sie jetzt bereit, ihr Leben ganz in den Dienst der Aufgabe zu stellen, die Botschaft Jesu an die Enden der Erde zu tragen.
Aus Trauernden und Verzweifelten wurden Menschen voller Hoffnung und Freude. Was bewirkte diese grundlegende und andauernde Veränderung? Sicher keine Massenhalluzination. Auch kein Wunschdenken. Nein, der Grund dafür war die Tatsache der Auferstehung. Jesus selbst begegnete ihnen, sprach ihnen seinen Frieden zu und setzte sie auf neuen Kurs.

Die Erfahrung der Christen

Und diese Erfahrung blieb nicht auf die ersten Jünger beschränkt. Hunderttausende, ja Millionen Menschen haben seitdem erlebt, daß Jesus lebt. Ihre Gebete sind erhört worden. Sie haben Jesus zwar meist nicht mit ihren Augen gesehen, aber sind dennoch von seiner Wirklichkeit überzeugt worden. Der Friede, den nur Jesus geben kann, hat ihr Herz erfüllt. Trotz vieler Schwierigkeiten und Verfolgungen sind sie Jesus treu geblieben.
Alles nur Einbildung? Wohl kaum. Die Tatsache der christlichen Gemeinde allein ist schon ein überzeugender Hinweis auf die Wahrheit der Auferstehung Jesu. Wo so starke Wellen ausgelöst worden sind, muß ein dicker Stein ins Wasser gefallen sein. Jesus ist tatsächlich auferstanden. Man kann ihm heute begegnen.

Der Sonntag

Auch das ist ein Indiz für die Tatsächlichkeit der Auferstehung, und zwar ein sehr starkes. Wir vergessen oft, daß die ersten Christen fast ausnahmslos Juden waren. Für sie galt das mosaische Gesetz uneingeschränkt — auch das Gebot, den Sabbat zu heiligen. Ja, das war ein besonders wichtiges Gebot, denn es hing mit der Schöpfung Gottes zusammen. Weil Gott am siebten Tag geruht hatte, sollte auch der gläubige Jude am siebten Tag ruhen. Die Sabbatheiligung wurde ungeheuer ernst genommen.
Und jetzt geschieht das Eigenartige, daß Juden, die auch Juden blieben, anfingen, einen anderen Tag zu heiligen und ihre Gottesdienste umzulegen auf den Sonntagmorgen, den Tag nach dem Sabbat.
Diese Veränderung ist schon im Neuen Testament angelegt. Das war eine Umwälzung von einer Dimension, wie wir sie uns größer gar nicht vorstellen können. Irgend etwas mußte geschehen sein, um einen so großen Bruch mit der Tradition zu rechtfertigen. Sonst hätten fromme Juden niemals vom Sabbat gelassen.
Ja, es war etwas geschehen: Gott hatte in der Auferweckung Jesu eine neue Schöpfung angefangen. Der Sabbat war das

Symbol der Vollendung der ersten Schöpfung. Der Sonntag wurde zum Symbol des Anbruchs der neuen, zweiten Schöpfung, weil das der Tag war, an dem Jesus auferstand. Er ist, wie Paulus einmal erklärt, der Erstgeborene von den Toten, die Initialzündung der neuen Schöpfung (vgl. Kolosser 1,18-20).

Der Sonntag als Feiertag der frühen Christen ist ein starker Hinweis auf das, was am Sonntag geschah: die Auferstehung Jesu von den Toten.

Jesus lebt!

Die Tatsache, daß Jesus Christus von den Toten auferstand — nicht als Gespenst oder Idee, sondern *somatikos*, leiblich —, ist der Grund- und Eckstein des Christseins. Ein toter Jesus nützt uns nichts. Der lebendige Jesus aber will alles für uns sein.

Ich habe einige Hinweise zur Geschichtlichkeit der Auferstehung Jesu gegeben. Ich hätte noch eine Reihe anderer Dinge erwähnen können. Zum Beispiel die erstaunliche Tatsache, daß in allen Evangelien berichtet wird, daß Frauen als erste den Auferstandenen gesehen haben. Im alten Israel jedoch hatten Frauen vor dem Gericht gar kein Aussagerecht. Ihr Zeugnis galt nicht. Kein Jude (und wenige Nichtjuden) hätte auch nur einen Pfennig für Zeugenaussagen von Frauen gegeben.

Wären die Geschichten alle erfunden, hätte man diese Argumentationsschwäche sicherlich nicht eingebaut. Der einzig mögliche Grund, warum das berichtet wird, ist der, daß es tatsächlich so geschehen ist. Die ersten Zeugen der Auferstehung waren halt Frauen, und das wird berichtet, auch wenn es als Aussage vor jüdischen Ohren nicht viel galt.

Auch die beiden zentralen Symbole des Christentums, Taufe und Abendmahl, enthalten starke Hinweise auf die Notwendigkeit und Tatsächlichkeit von Kreuzigung und Auferstehung Jesu. So jedenfalls versteht es das Neue Testament. In der Taufe wird der Christ mit Christus begraben und steigt aus der Taufe zu neuem Leben hervor (Römer 6,3-10). Im Abendmahl verkündigten die ersten Christen den Tod Jesu, bis daß er kommt (1. Korinther 11,23-26). Und nur ein auferstandener Jesus kann das. Die Erwartung der Wiederkunft Christi, die das ganze Neue Testament durchzieht, setzt die Auferstehung als Tatsache voraus. Taufe, Abendmahl und die Erwartung des wiederkommenden Jesus gründen also in der Auferstehung.

Wir können dem Auferstandenen begegnen

Viele andere Hinweise könnten genannt werden. Sie alle aber können niemanden zum Glauben an Jesus zwingen. Gewißheit über Jesus bekommt man erst, wenn man sich persönlich für ihn öffnet. Man kann Jesus nicht wie einen Gegenstand, ein Objekt behandeln. Der Weg zu ihm ist personhaft, ganzheitlich.
Ich möchte Sie bitten: Beschäftigen Sie sich selbst mit der Frage, ob Jesus auferstanden ist. Lesen Sie die Berichte des Neuen Testaments über die Kreuzigung und Auferstehung Jesu aufmerksam durch (Matthäus 26-28; Markus 14-16; Lukas 22-24; Johannes 18-21; Apostelgeschichte 1) und prüfen Sie, ob Sie den Augenzeugen Glauben schenken können, daß sie wirklich den Auferstandenen gesehen haben. Wenn ja, dann ziehen Sie die Konsequenz. Und die kann dann nur heißen: Christ werden und Jesus nachfolgen, weil er tatsächlich auferstanden ist und lebt.

7. Mit Jesus wird das Leben neu

Seltsam, im Nebel zu wandern.
Leben heißt einsam sein.
Kein Mensch sieht den andern.
Jeder ist allein.
                    Hermann Hesse

Ich bin das Licht der Welt. Wer mir nachfolgt, wird nicht in der Finsternis herumirren, sondern wird das Licht des Lebens haben.   Johannes 8,12

Was hat das alles mit mir zu tun? Wenn Jesus wirklich Gottes Sohn ist, wenn er wirklich gestorben und auferstanden ist, was heißt das für mich? Diese Ereignisse sind doch lange vor meiner Geburt gewesen!
Manche Menschen fragen so. Sie erkennen wohl intellektuell die Berichte der Bibel an. Aber sie wissen nicht, was das mit ihrem persönlichen Leben zu tun haben kann.
Doch gerade hier wird es spannend. Im Neuen Testament wird betont, daß alles, was Jesus erlebt und getan hat, direkte Auswirkungen auf uns hat. Kein Mensch außer Jesus hat Gottes Willen vollkommen getan. Er war der einzige wirklich Gerechte.
Aber seine Gerechtigkeit wird jetzt uns zugerechnet. Wer an Jesus glaubt, in ihn hineinkriecht (so wird »glauben« in eine brasilianische Indianersprache übersetzt), hat Anteil am Leben Jesu. Wer Christ wird, ist jetzt »in Jesus«. Und deshalb gilt alles, was für Jesus gilt, auch für ihn.
Jesus ist am Kreuz gestorben für unsere Sünden. Und deshalb sind wir *mit Christus gestorben* (Römer 6,3ff). Weil Jesus auferstanden ist, sind wir *mit ihm auferstanden* (Römer 6,4ff) und sollen unser Leben als neue Menschen führen.
Das kann ganz praktisch in unserem Leben werden. Gott macht uns in Jesus großartige Geschenke, die wir nur auspacken müssen.

Das größte Geschenk: die Vergebung der Sünden

Viele Menschen leiden unter dem Gefühl, versagt zu haben. Sie wünschen sich nichts sehnlicher, als nur noch einmal die Möglichkeit zu haben, neu anzufangen und wiedergutzumachen, was sie verbockt haben. Oder sie können sich selbst eine Tat nicht vergeben. Immer wieder kommt die Erinnerung daran hoch.

Nun ist es nicht möglich, die Vergangenheit ungeschehen zu machen. Das böse Wort, das wir gesprochen haben, ist nicht wieder zurückzurufen. Die Hilfe, die wir schuldig geblieben sind, ist meist nicht nachzuholen. Aber wir können die Vergebung Gottes annehmen, die uns Jesus anbietet. Und wir können aufgrund der Tatsache, daß uns durch den Tod Jesu am Kreuz alles vergeben ist — egal, wie furchtbar und schlimm eine Tat auch gewesen sein mag —, neu anfangen. Wir können da, wo es möglich ist, Unrechtes wiedergutmachen. Wir können die um Vergebung bitten, denen wir Unrecht getan haben.

Die Basis dafür aber ist die Gewißheit, daß uns alles vergeben ist. Paulus schreibt im Brief an die Kolosser, wie umfassend die Vergebung und Versöhnung mit Gott ist, die Jesus durch seinen Tod am Kreuz ermöglicht hat: *Er hat den Schuldbrief vernichtet, der gegen uns war und durch die Satzungen* (die Gebote, die wir nicht erfüllt haben) *gegen uns stand, und hat ihn aus der Mitte* (wo er zwischen uns und Gott stand) *getan und an das Kreuz geheftet* (Kolosser 2,14).

Die Vergebung Gottes ist allumfassend. Unser ganzes Leben wird durch sie neu. Wer das erfahren hat, für den ist es wie eine Zentnerlast, die von ihm gefallen ist. Und dann wird die Liebe im Leben groß, die Liebe zu Gott und zu den Menschen. Das Leben kann neu anfangen, wenn wir die Vergebung Gottes im Rücken haben.

Ein Ziel im Leben

Das ist das zweite Geschenk, das uns Jesus der Auferstandene macht. Wir brauchen nicht mehr sinnlos vor uns her zu leben. Das Leben ist kein »Wandern im Nebel« (Hermann Hesse) mehr. Vielmehr ist es ein bewußtes Leben im Licht der Tatsache, daß wir als Christen zu dem gehören, der Herr über Lebende und Tote ist.

Weil Jesus jetzt, nach der Auferstehung, zur Rechten Gottes sitzt und regiert, weil ihm alle Macht im Himmel und auf Erden gegeben ist, darum sind auch wir von ihm befähigt, *im Leben zu herrschen durch den einen, Christus Jesus* (Römer 5,17). Durch den Heiligen Geist, den Jesus seinen Leuten versprochen und gesandt hat, sind sie jetzt unlösbar mit ihm verbunden. Seine Kraft und Liebe, Freude und Weisheit strömen täglich zu ihnen. Christen sind zu *Kindern des Lichts* geworden (Epheser 5,9), die nicht mehr im Finstern oder Halbdunkel ihrer eigenen Weisheit herumtappen müssen, sondern geführt werden vom Licht des Lebens.

Das gilt für jeden ohne irgendwelche Vorleistungen. Jesus gibt uns ein Ziel. Wir sollen als seine Boten in dieser Welt leben. Wir sollen uns einsetzen für den Bau seines Reiches. Wir dürfen leben in der Erwartung seiner Wiederkunft. Unser Ziel ist die neue Welt Gottes. Das motiviert in allen Schwierigkeiten, weil wir wissen, daß unsere Mühe nicht umsonst ist. Jesus wird das vollenden, was wir nur als Stückwerk zustande gebracht haben. Es ist wahr: Das Leben kann noch einmal neu beginnen, wenn wir den lebendigen Jesus hereinlassen.

Die Kraft, neu zu werden

Die eigentliche Frage des Lebens ist die Kraftfrage. Woher bekommen wir die Kraft, das zu tun, was wir als richtig erkannt haben? Wir brauchen gar nicht mit den Maßstäben der Bibel zu beginnen. Das, was wir selbst für richtig halten, und die Maßstäbe, nach denen wir andere Menschen beurteilen, zeigen uns schon die Kluft zwischen Wollen und Tun. Paulus drückte diese Erfahrung so aus: *Das Wollen habe ich wohl, aber das Gute zu vollbringen finde ich nicht. Das Gute, das ich will, das tue ich nicht, sondern das Böse, das ich nicht will, das tue ich* (Römer 7,18-19).

Das ist das menschliche Dilemma, nicht nur im Leben des einzelnen, sondern auch von Bewegungen, Organisationen, Staaten und Völkern. Wir brauchen unbedingt eine Kraft, die

uns hilft, das zu tun, was richtig ist.
Der große griechische Geschichtsschreiber Herodot kam zu dem Resultat: »Eines der größten Übel unter den sterblichen Menschen ist dieses: Obwohl wir so vieles versuchen, was gut ist, bringen wir es doch nicht zustande.« Und Ovid, der römische Dichter, faßte dieselbe Erfahrung kurz und knapp zusammen: »Ich sehe den besseren Weg und halte ihn für richtig. Aber ich folge dem schlechteren.«
Nicht Mangel an Bildung, Einsicht oder Wollen ist unser eigentliches Problem. Sondern das Fehlen der Kraft, das Gute zu tun. Und genau hier kommt uns das Angebot Jesu entgegen: Er will uns seine Kraft geben. Sein Heiliger Geist will unsere Herzen mit Liebe erfüllen (Römer 5,5). Er will uns stärken und zu dem befähigen, was wir aus eigener Kraft niemals tun könnten. Die Liebe Gottes, durch den Heiligen Geist in unsere Herzen ausgegossen, ist die Antwort auf das Problem der Kraft.
Unser Leben kann neu beginnen, weil die Vergebung Gottes uns den Rücken frei macht. Weil Jesus uns ein klares Ziel vor Augen stellt. Und weil er uns durch seinen Geist die Kraft gibt, als neue Menschen zu leben.

Wir dürfen das neue Leben einüben

Wie das Einüben eines neuen Lebens praktisch aussieht, zeigt uns Jesus in dem, was er lehrt, zum Beispiel in der Bergpredigt (Matthäus 5-7). Viele der neutestamentlichen Briefe befassen sich mit diesem Thema: der Philipperbrief, der Epheserbrief, der Kolosserbrief und andere. Ich selbst habe das in meinen Büchern »Jesus folgen« und »Jesus bedeutet Freiheit« zu entfalten versucht.
Es ist möglich, neu anzufangen. Das habe ich erlebt und viele meiner Freunde mit mir. Einige von ihnen habe ich gebeten, ihre Erfahrungen aufzuschreiben. Grit berichtet:
»Aufgewachsen unter Hammer, Sichel und Ährenkranz, kam ich mit 15 Jahren in den Westen. Alle Illusionen und Träume von der unbegrenzten Freiheit waren bald zerschlagen. Mit 19 war ich völlig resigniert. Auch der Trip auf eine Insel im Atlantik konnte meine Sehnsucht nicht erfüllen. Mit 20 war ich

ungewollt schwanger und entschied mich in letzter Minute für das Kind.
In dieser Zeit bekam ich engeren Kontakt zu Christen. Es hat noch einige Zeit gedauert, bis ich Jesus mein ›Ja‹ gab. Heute weiß ich, daß Jesus mir in allen wichtigen Entscheidungen geholfen hat, wenn meine Vernunft oder der Rat anderer Menschen versagt hatten.
Ich möchte seine Nähe nicht mehr missen, nicht zuletzt, weil ich weiß, daß ich ohne ihn die Verantwortung für Sarah und mich selbst nicht tragen könnte. Tag für Tag beschenkt mich Gott mit allem, wonach ich so lange gesucht habe: Liebe, Geborgenheit, Freude ... In meiner Taufe wurde mir ganz deutlich, daß ich ein neues Leben bekommen habe, ein Leben im Licht, in das ich hineinwachsen darf wie ein neugeborenes Kind.«
Ein anderer, der diese Erfahrung gemacht hat, ist unser Freund Pfarrer Wilhelm Veller, der in Marburg im Ruhestand lebt. Er schreibt:»In der Erklärung Dr. Martin Luthers zum dritten Glaubensartikel heißt es: ›Ich glaube, daß ich nicht aus eigener Vernunft noch Kraft an Jesus Christus, meinen Herrn, glauben oder zu ihm kommen kann, sondern der Heilige Geist hat mich durch das Evangelium berufen, mit seinen Gaben erleuchtet und im rechten Glauben geheiligt und erhalten.‹
Schon in meiner frühen Jugend und als Student empfing ich starke Eindrücke von Gott. Aber erst in den ersten Jahren meines Pfarrdienstes hat Gott mitten im Dritten Reich eine internationale Konferenz in der Schweiz dazu benutzt, das helle Licht seiner Gnade in mein Leben hineinleuchten zu lassen. So konnte ich vielen dieses Licht weitergeben, das mein Leben neu gemacht hatte. Das geschah als Pfarrer in Stadt und Land, unter Gefangenen und Freien, hinter Stacheldraht und Gefängnismauern.
Dieses Licht hat mir einen doppelten Reichtum gebracht: die Vergebung der Sünden und die erneuernde Kraft des Heiligen Geistes. So kam es, daß das Wort des Paulus in 2. Korinther 4,6 in meinem Herzen einen beglückenden Widerhall fand: ›Denn Gott, welcher aus der Finsternis Licht hervorleuchten ließ, der hat es auch in unseren Herzen licht werden lassen zur

Erleuchtung mit der Erkenntnis der Herrlichkeit Gottes im Angesicht Jesu Christi.‹« — So weit die kurze Lebensbilanz eines über 70 Jahre alten Pfarrers.

Vor einigen Jahren bekam ich Kontakt mit Frank. Er ist inzwischen ein guter Freund geworden. Er berichtet von seinem Weg zu Jesus:

»Auf der Suche nach meinem Licht geriet ich, geblendet von der Lüge ›Droge‹, in die Dunkelheit. Die Droge bietet sich an, schön geschminkt und grell. Sie schien für mich die Lösung aus den seelischen Verletzungen, den verdrängten Gefühlen und den unausgesprochenen Worten zu sein. Das Dunkel, bestehend aus Sucht, Einsamkeit, Depression und einem zerbrochenen Herzen, breitete sich über mir aus.

In dieser Nacht konnte ich weder mich selbst noch meine Umgebung sehen. So verlor ich die Beziehung zu meinen Mitmenschen, der Umwelt und mir selbst. Wie ein Kind, das sich allein verlaufen hat und nun im Dunkeln sitzt und sich nach einer starken, helfenden Hand sehnt, griff ich nach allen sich anbietenden Hilfsangeboten. Aber auch nach den Therapiemaßnahmen blieb es ganz tief in mir dunkel, da konnte ich keinen Menschen hinsehen lassen — wen denn auch?

Jahrelang habe ich an mir selbst, meinen Gedanken, meinen Gefühlen, meiner Art, mit Erlebnissen und Situationen umzugehen, gelitten, bis Gott sein Licht auf diese Dinge warf. Weil das so weh tat, wollte ich dieses Licht zuerst nicht. Aber auf die Erfahrung hin, daß dieses Licht Heilung schenkte, habe ich mich Gott und seinem Wort geöffnet. Dieses Wort ist ganz tief in mein Leben eingedrungen. Es heißt: Jesus. Gott sendet sein Licht da, wo wir im Zustand der Dunkelheit kapitulieren.«

Mit Jesus wird das Leben neu. Weil er selbst kommt und durch seinen Geist in uns wohnt. Jesus will unser Leben von innen her erneuern. Er kommt auch an die Bereiche heran, die kein anderer erreichen kann und die wir auch selbst nicht verändern können. Er kann uns wirklich zu neuen Menschen machen. Das ist die Erfahrung der Christen: *Ist jemand in Christus, so ist er eine Neuschöpfung. Das Alte ist vorbei, etwas Neues hat begonnen* (2. Korinther 5,17). Und das ist mehr als Grund genug, Christ zu werden.

8. Keiner muß allein bleiben

Die Hölle, das sind die anderen. Jean Paul Sartre

Wo zwei oder drei in meinem Namen versammelt sind, da bin ich mitten unter ihnen. Matthäus 18,20

Einsamkeit ist eines der größten Probleme des Westens. In riesigen Wohnsilos leben Hunderte und Tausende von Menschen nebeneinander. In den Städten hasten Tausende von Gesichtern aneinander vorbei. Anonyme Massen. Wir sind umgeben von anderen Menschen. Und doch sind viele ganz allein, wenn es darauf ankommt. Die Klage des Mannes am Teich Bethesda wird heute von vielen wiederholt: *Ich habe keinen Menschen!* (Johannes 5,7).
Wir sind von Gott zur Beziehung geschaffen. Zur Beziehung zu ihm, unserem Schöpfer, und zur Beziehung zu den anderen Menschen, die unsere Mitgeschöpfe sind. Unsere Berufung ist es, in Gemeinschaft zu leben. Allein gehen wir psychisch kaputt.

Gemeinschaft ist nicht leicht

Und doch ist gerade das Leben in Gemeinschaft mit anderen für viele ein großes Problem. Es ist nicht leicht, sich immer wieder auf andere Menschen einzulassen. Sie haben ihre eigenen Vorstellungen, die den eigenen entgegenstehen. Sie haben ihre Eigenarten, die ihr Leben prägen und die das Zusammenleben mit ihnen erschweren. Zur Gemeinschaftsfähigkeit gehört die Bereitschaft, sich einzuordnen, sich zu ändern und den anderen anzunehmen, wie er ist.
Die Bibel nennt diese Tugend Demut. Nur Demut ermöglicht es, auf Dauer mit anderen in Gemeinschaft zu leben. Die Demut ist eine Frucht des Heiligen Geistes, die in unserem Leben wachsen kann, wenn wir das wollen (Galater 5,22). Die Demut war auch ein Kennzeichen des Wesens Jesu. Er konnte von sich sagen: *Ich bin sanftmütig und von Herzen demütig!* (Matthäus 11,29).
Wir können von Jesus lernen, gemeinschaftsfähig zu werden.

Gemeinschaftsfähig werden heißt nicht, die eigene Persönlichkeit aufzugeben. Es heißt aber zu lernen, den anderen genauso hochzuachten wie sich selbst. Den anderen als Bereicherung und nicht als Konkurrenz oder als lästiges Übel zu empfinden.

Das griechische Wort für Gemeinschaft, *koinonia,* gehört zu den Grundworten des Neuen Testaments. Gerade weil die Gemeinschaftsunfähigkeit des Menschen so groß ist, ruft Jesus in die Gemeinschaft. Da können wir lernen, unsere Grenzen zu überwinden und den nächsten Schritt zu tun.

Keiner muß allein bleiben. Jeder ist eingeladen in die neue Gemeinschaft, die Jesus stiftet.

Was Gemeinschaft zerstört

Viele aber wollen das nicht. In seinem Buch »Die große Scheidung« zeichnet der englische Literaturwissenschaftler C.S. Lewis ein Bild der Hölle. Er sieht eine endlose, graue Stadt. Sie ist voller Häuser. Sie dehnt sich nach allen Seiten aus, so weit man nur sehen kann, in unermeßliche Weiten.

Der Erzähler staunt über diese große graue Stadt. Da wird ihm erklärt, daß in dieser Stadt die Menschen immer weiter voneinander fortziehen. Sobald sie sich mit einem Nachbarn streiten, bauen sie sich einfach ein neues Haus, weiter weg von den anderen. Das ist ganz einfach, weil sie sich Häuser allein dadurch bauen können, daß sie sie erdenken.

So dehnt sich die Stadt immer weiter aus, weil ihre Bewohner nicht miteinander auskommen können. Und außerdem entfernen sie sich immer mehr von dem einzigen Ort, an dem ein Herauskommen aus der Stadt möglich wäre.

C.S. Lewis zeichnet in dieser Erzählung nicht nur ein Bild der Hölle. Er zeigt auch, wie die Welt ist, in der wir leben. Die Sünde, der Egoismus des Menschen, treibt ihn in die Einsamkeit. Wir können den anderen nicht ertragen — wenn er anders ist als wir, wenn er erfolgreicher ist als wir, wenn er glücklicher ist als wir.

Der erste, der die Gemeinschaft brach, war Kain. Er wurde zum Mörder seines Bruders, weil er es nicht ertragen konnte, daß Abel eine echte Beziehung zu Gott hatte. Bruch der Gemeinschaft, Mord aus Neid. Im Grunde ist jede Sünde ein Bruch der Gemeinschaft mit Gott oder mit dem Nächsten. Daß Menschen einsam sind, ist Teil unserer Welt, die von der Sünde geprägt ist.

Gemeinschaft ist ein Geschenk Jesu

Wo immer Jesus hinkam, stiftete er Gemeinschaft. Er sammelte Jüngerinnen und Jünger um sich, die in Gemeinschaft mit ihm und miteinander lebten. Er stiftete Gemeinschaft am Tisch. Er ließ sich von Zachäus, dem Zolleintreiber, einladen und gewann ihn dadurch für die Sache Gottes. Weil Jesus ihn in seine Gemeinschaft aufnahm, konnte Zachäus neu werden. Das erste, was er nach der Begegnung mit Jesus tat, war genau das: Gemeinschaft schenken. Er fing an, mit den Armen zu teilen und unrechtmäßig erworbenes Geld zurückzugeben. Das ist ein zentraler Aspekt von Gemeinschaft. Nur wer teilen kann, kann in Gemeinschaft leben.

Gottes Geist durchbricht Grenzen

Die ersten Christen erlebten am Pfingsttag, wie der Heilige Geist über sie kam und sie erfüllte (vgl. Apostelgeschichte 2). Und das hatte gewaltige Auswirkungen.
Die neue Gemeinschaft des Geistes wurde geboren. Überall fielen Grenzen. Die erste Grenze, die fallen mußte, war die Sprachen- und Nationengrenze. Plötzlich konnten Menschen aus den unterschiedlichsten Nationen das Lob Gottes in ihrer Sprache hören, als die versammelte Gemeinde in neuen Sprachen Gott lobte, wie der Geist es ihnen eingab. Gemeinschaft war da. Keiner war ausgeschlossen. Jeder konnte es verstehen: Gott war ganz nahe gekommen.
Die zweite Grenze, die fiel, war die zwischen Freund und Feind, zwischen Anhängern und Gegnern Jesu. Egal, was vor der Auferstehung geschehen war, jeder war jetzt eingeladen, in die neu entstandene Gemeinschaft des Geistes Jesu hineinzukommen. Auch die Feinde, die ihn gekreuzigt hatten. Denn für sie hatte Jesus ja gebeten: *Vater, vergib ihnen, denn sie wissen nicht, was sie tun!* (Lukas 23,34). Alle durften jetzt durch Umkehr, Glaube und Taufe Anteil haben am Heiligen

Geist, dem Geist der Gemeinschaft.
Die dritte Grenze, die fiel, war die der sozialen und finanziellen Unterschiede. Niemand hatte mehr das Bedürfnis, auf seinen Status zu pochen oder seinen Besitz vor den anderen zu schützen.
Der Bericht über die Gemeinschaft der ersten Christen zeigt, daß dies eine der hauptsächlichen Auswirkungen der Erfüllung mit dem Heiligen Geist war: *Die sein Wort annahmen, ließen sich taufen, und es wurden an dem Tag hinzugetan an die dreitausend Menschen. Sie blieben aber beständig in der Lehre der Apostel und in der Gemeinschaft und im Brotbrechen und im Gebet . . . Alle aber, die gläubig geworden waren, waren beieinander und hatten alle Dinge gemeinsam. Auch verkauften sie Güter und Habe und teilten sie aus unter allen, je nachdem einer in Not war. Und sie waren stets und täglich beieinander einmütig im Tempel und brachen das Brot hin und her in den Häusern* (Apostelgeschichte 2,41-46).
Die Grenzen von mein und dein, von sozialem Status und Besitzgrenzen können fallen, wo die Gemeinschaft im Heiligen Geist stark geworden ist.

Gemeinschaft ist möglich

Wenn auch in vielen christlichen Gemeinden heute diese Dimension von Gemeinschaft nicht erlebt wird, so gibt es doch überall ermutigende Zeichen einer Erneuerung. Viele Christen fragen nach alternativen Lebensformen, nach einer Umsetzung der Erfahrung der ersten Christen in Jerusalem in unsere Zeit.
Und Erfahrungen der Gemeinschaft gibt es auf allen Ebenen in vielfältiger Gestalt. Hauskreise, Arbeitskreise, Wohngemeinschaften, Bruderschaften und Schwesternschaften, kommunitäres Leben und Missionsgemeinschaften — überall wird etwas deutlich von der Kraft des Heiligen Geistes, der Gemeinschaft von Menschen möglich macht, die normalerweise nicht zusammenfinden würden.

Gemeinschaft um den Tisch Jesu

Das Zentrum aller christlichen Gemeinschaft ist die Gemeinschaft um den Tisch des Herrn. Jesus lädt uns ein, mit ihm im neuen Reich Gottes zu Tisch zu sitzen. Diese ewige Tischgemeinschaft wird Menschen aus allen Völkern, Sprachen, Nationen und Rassen umfassen: *Sie werden kommen vom Osten und vom Westen, vom Norden und vom Süden und zu Tisch sitzen im Reiche Gottes* (Lukas 13,29). Da wird endgültig keiner mehr allein sein.

Die Gemeinschaft um den Tisch Jesu, im Brotbrechen und im Wein, ist ein Vorgeschmack auf das, was kommen wird in Gottes neuer Welt. Hier ist alles nur Stückwerk, auch die Gemeinschaft unter Christen. Dort werden wir die Vollendung dessen sehen, was wir hier ansatzweise erlebt haben: die Gemeinschaft der Heiligen. Was wir schon erleben können, läßt uns Ausschau halten nach mehr. Auch das ist ein Grund, Christ zu werden: die Erfahrung der Gemeinschaft, die Jesus schenkt.

Sicherlich ist auch in den christlichen Gemeinden vieles noch nicht so, wie es sein sollte. Und doch erfahren Menschen hier eine Geborgenheit, die sie sonst nirgendwo finden. Das soll so sein. Jeder hat einen Platz im Reich Gottes. Keiner muß allein sein.

Eingeladen zur Gemeinschaft

Jesus lädt Sie ein in die Gemeinschaft mit ihm. Und gleichzeitig in die Gemeinschaft der Familie Gottes. Dort werden Sie Schwestern und Brüder finden, Menschen mit Schwächen und Fehlern, ganz normale Menschen — aber Menschen, die in Gemeinschaft mit Jesus Christus leben und die durch den Heiligen Geist eine Dimension des Lebens kennen, die ihr Leben vertieft und überstrahlt.

Sie sind gerufen in die Gemeinschaft der Christen. Sie müssen diesen Weg nicht allein gehen. Andere sind da, die vor ihnen, mit ihnen und nach ihnen unterwegs sind zur neuen Stadt Gottes, wo Gerechtigkeit wohnt.

Gottes Liebe empfangen und weitergeben

Keiner muß allein sein. Die Erfahrung der Gemeinschaft ist aber nicht nur ein Geschenk an uns. Wir sollen nicht Endstation der Liebe Gottes sein, sondern ein Kanal, der sie an andere weiterleitet. Jesus machte in einer seiner berühmtesten Gleichnisreden deutlich, wie wichtig es ist, daß wir dem Nächsten, der allein ist, Gemeinschaft schenken (Lukas 10,29-37):

Keiner war so allein wie der Mann auf der Straße nach Jericho. Räuber hatten ihn brutal zusammengeschlagen. Völlig ausgeraubt und halbtot ließen sie ihn in der glühenden Sonne liegen. Die Wunden schmerzten. Längst schon hatten sich Schmeißfliegen hineingesetzt. Er war zu schwach, um sich aufzurichten oder auch nur einen Meter am Boden entlangzuziehen. Verlassen, einsam lag er da.

Ein Priester kam vorbei. Ein Mann, der von Gott zur Gemeinschaft mit ihm ausgesondert war. Er ging vorüber. Er hatte keine Zeit, war er doch auf dem Weg zum Tempel, wo die große Gemeinschaft der Gottesdienstgemeinde auf ihn und seinen Dienst wartete. Ohne ihn lief da gar nichts. Sicherlich konnte er nicht die vielen dort warten lassen, um sich hier um einen zu kümmern! Er ging vorbei.

Der Mann war noch einsamer als zuvor. Enttäuschte Hoffnung krampft das Herz zusammen. Genauso ging es mit dem Leviten, dem Diener des Tempels. Viele Aufgaben warteten auf ihn. Er mußte zur Ehre Gottes Musik machen. Viele praktische Dinge mußten im Tempel erledigt werden. Für den Erschlagenen am Weg war keine Zeit.

Und doch ist es der Wille Jesu, daß keiner allein bleibt. Auch das ist ein Grund, Christ zu werden: daß wir im Namen Jesu demjenigen ein Nächster werden können, der niemanden hat. Daß wir in der Kraft seines Geistes Wunden verbinden und seine Liebe mit anderen teilen. Keiner muß allein sein. Gott lädt uns ein zu seinem Fest. Und wir dürfen andere mitbringen.

9. Mit dem Tod ist nicht alles aus

Die Krähen schrein und ziehen schwirren Flugs zur Stadt.
Bald wird es schnein. Weh dem, der keine Heimat hat!
Das stehst du nun, zur Winterwanderschaft verflucht,
dem Rauche gleich, der stets nach höhern Lüften sucht.

Friedrich Nietzsche

Ich bin der Erste und der Letzte und der Lebendige. Ich war tot, und siehe, ich bin lebendig und habe die Schlüssel des Todes und des Totenreichs.

Offenbarung 1,17-18

Mit dem Tod ist nicht alles aus. Manche hätten das sicher gern. Leben wie man will, ohne Rücksicht auf Verluste und die Gefühle und Rechte anderer Menschen, und dann einfach Ende. Einfach abtreten von der Bühne des Geschehens, mit oder ohne Applaus. Vorbei. Einfach alles vergessen. Im Frieden ruhen.
Doch das ist eine Täuschung, und unser Herz weiß das. Schon von Anfang an haben Menschen versucht, Vorsorge für das Leben nach dem Tod zu treffen. Grabbeigaben und komplizierte Begräbnisgebräuche beweisen das. Wir Menschen wissen, daß unser Leben eine Qualität hat, die über den Tod hinausreicht.

Der Tod ist eine offene Frage

Und dennoch liegt ein Geheimnis über dem Tod. Was danach kommt, ist uns verborgen. Der Tod ist wie ein dunkler Raum, in den wir früher oder später hineintreten müssen.
Das ist zumindest das Lebensgefühl eines Menschen, der nichts von Gott weiß. Für ihn ist der Tod der große Unbekannte, die endgültige offene Frage. Ein ungeborgener Raum, in dem es kalt ist und es einen frieren macht. Das Gefühl des heidnischen Menschen angesichts der Tatsache Tod ist das der Unsicherheit, der schieren Verzweiflung oder der Wut gegen das Schicksal.
Der Mensch ist im Leben und im Tod ungeborgen. In der »Ge-

schichte der englischen Kirche und Nation« von Beda findet sich ein Bericht, in dem die Frage nach Leben und Tod in fast klassischer Weise ausgedrückt wird.

Der Mönch und Kirchenhistoriker Beda beschreibt, wie im Jahre 627 am Hof König Edwins von Northumbria eine Ratsversammlung der Edlen abgehalten wurde. Es ging um die Frage, ob der König und das ganze Volk Christen werden sollten oder nicht. Ein Mönch, Paulinus, war an den Hof gekommen und hatte Edwin die Botschaft von Jesus erklärt. Edwin war bereit, Christ zu werden, wollte aber zuerst noch die Meinung seiner Freunde und der wichtigen Männer im Königreich einholen.

Nachdem ein gewisser Coifi, der bisherige Oberpriester des heidnischen Heiligtums, erklärt hat, er sei bereit, den christlichen Gott anzubeten, weil die alten Götter machtlos seien (und er als Hoherpriester müßte das schließlich am besten wissen!), meldet sich ein anderer Oberer des Volkes zu Wort: »König, wenn wir das gegenwärtige Leben des Menschen auf der Erde vergleichen mit der Zeit, von der wir nichts wissen (die Zeit nach dem Tod), so scheint es mir wie der schnelle Flug eines einzelnen Sperlings durch den Festsaal, in dem du an einem Wintertag mit deinen Fürsten und Ratgebern zu Tisch sitzt. In der Mitte befindet sich ein angenehmes Feuer, das den Saal erwärmt, draußen aber wüten die Stürme des Winterregens oder Schnees. Dieser Sperling fliegt schnell durch die eine Tür des Saals hinein und durch eine andere hinaus. Solange er drinnen ist, ist er vor den Winterstürmen sicher, aber nach wenigen Augenblicken der angenehmen Wärme verschwindet er wieder in die winterliche Welt, aus der er gekommen ist.

Ebenso erscheint der Mensch auf der Erde für eine kurze Weile, aber von dem, was vor seinem Leben war oder was folgt, wissen wir nichts. Wenn uns also diese neue Lehre ein sichereres Wissen gebracht hat, dann scheint es nur richtig, daß wir ihr folgen sollten« (Beda, History of the English Church and People II.13).

Für Edwin und sein bis dahin heidnisches Volk wurde diese Rede zum entscheidenden Anlaß, Christen zu werden. Die Frage nach dem Tod war für sie wichtig. Und sie hatten erkannt, daß Christus als Auferstandener die Antworten hat, die sie in ihrer germanischen Religion nicht fanden. Denn dort waren selbst die Götter sterblich.

Jesus hat die Antwort auf die Frage nach dem Tod

Wie ich schon im fünften Kapitel gezeigt habe, ist der Tod die Grenze, auf die wir uns alle hinbewegen. Seit Jesus auferstanden ist, besteht angesichts des Todes aber eine völlig andere Situation. Der Tod hat seinen Schrecken verloren. Der Stachel ist herausgebrochen. An der Todesgrenze erwartet uns nicht mehr eine kalte, dunkle Winternacht, sondern Jesus, der Lebendige, der uns in seinen ewigen Festsaal führen wird. Diese Erfahrung ist uns, die wir noch nicht an der Todesgrenze angekommen sind, meist verborgen. Nur manchmal wird der Vorhang ein wenig zur Seite geschoben und uns ein Blick in die Wirklichkeit der neuen Welt Gottes erlaubt. Unsere Freundin Diane Komp, Professorin für Kinderkrebs an der Universität Yale in Connecticut, beschreibt in ihrem neuen Buch »Fenster in den Himmel« solche Erfahrungen von sterbenden Kindern, die einen kurzen Blick über die Todesgrenze werfen durften.
Sie berichtet unter anderem von Mary Beth, die sechs Jahre alt war, als ihr Krebs diagnostiziert wurde. Aufgrund ihres sehr jungen Alters und der Wünsche ihrer Eltern wurde Mary Beth der Mißerfolg der Behandlung nicht mitgeteilt. Ihre Lieblingskrankenschwester hatte ihr ein rotes Samtkleid für Weihnachten gekauft, aber sie weigerte sich, das Kleid anzuziehen. Die Gründe dafür wollte sie nicht besprechen.
Dann berichtete die Mutter, daß Mary Beth ihr einen Traum erzählt habe. Jesus kam in diesem Traum zu ihr mit einem ihrer Großväter, der vor ihrer Geburt gestorben war. Zusammen erzählten sie ihr von ihrem bevorstehenden Tod und sagten ihr, sie solle keine Angst haben. Sie erwachte mit dem Frieden und der Gewißheit, daß sie bald bei Jesus und ihrem Großvater sein würde. Mary Beth, so berichtet Diane Komp weiter, starb am Weihnachtsabend zu Hause und hatte ihr rotes Samtkleid an, als ihr kurzes Leben zum letzten Mal Mittelpunkt einer Feier war.

Wenn solche und viele andere Erlebnisse, von denen Diane Komp berichtet, uns auch keine letztgültige Auskunft über das Leben nach dem Tod geben können, so sind sie doch in Übereinstimmung mit den Aussagen der Bibel: Jesus steht auf der anderen Seite der Todesgrenze. Das steht so felsenfest wie die Auferstehung. Jesus war tot, und ist wieder lebendig. Der Tod kann ihm nichts mehr anhaben. Nein, er ist auch der Herr über den Tod und das Totenreich. Er hält die Schlüssel in seiner Hand.
Und deshalb wissen wir: Mit dem Tod ist nicht alles aus. Nein, das eigentliche Leben fängt erst an. Und die Schlüsselperson ist Jesus. Keiner kommt an ihm vorbei. Jesus ist der Richter der Lebenden und der Toten.

Jesus, der Herr über Lebende und Tote

Im Gleichnis vom Weltgericht macht Jesus das selbst deutlich: *Wenn der Menschensohn kommen wird in seiner Herrlichkeit mit allen Engeln, dann wird er sitzen auf dem Thron seiner Herrlichkeit, und alle Völker werden vor ihm versammelt werden. Und er wird sie scheiden, wie ein Hirte die Schafe von den Böcken scheidet . . .* (Matthäus 25,31-46). Das ist der biblische Ernst, den ich nicht verschweigen darf. Mit dem Tod ist nicht alles aus. Uns erwartet aber kein endloser Kreislauf der Wiedergeburten. Nein: *Es ist den Menschen gesetzt, einmal zu sterben, danach aber das Gericht* (Hebräer 9,27). Das gibt unserem Leben, unseren Taten, Worten, Gedanken, unserem Tun und Unterlassen seinen wirklichen Wert, seine Bedeutsamkeit. Gott nimmt uns so ernst, daß er uns zur Antwort, zur Verantwortung ziehen wird. Dies hat er Jesus übertragen, dem Menschensohn (Daniel 7,13-14.27).
Aber Jesus ist kein kalter, ungerechter Richter. Im Gegenteil. Er hat selbst die Schuld für unsere Verfehlungen am Kreuz auf sich genommen. *Der Sohn des Menschen ist nicht gekommen, um sich dienen zu lassen, sondern um zu dienen und sein Leben zu geben als Lösegeld für viele* (Markus 10,45).
Jesus hat alles getan, um uns vergeben und mit Gott versöhnen zu können. An ihm kommen wir nicht vorbei. Mit

dem Tod ist nicht alles aus. Jesus wartet auf uns. Er will keinen aus seinem Festsaal ausschließen. Aber er zwingt auch niemanden. Weder vor noch nach dem Tod. Er achtet unsere Freiheit.
Mit dem Tod ist nicht alles aus. Auch das ist ein Grund, Christ zu werden. Selbst wenn es heute nicht sehr populär ist oder auch als unangenehm empfunden wird, über den Tod oder gar über das Gericht zu sprechen, ist der Satz des christlichen Glaubensbekenntnisses doch wahr: »Von dort wird er kommen zu richten die Lebenden und die Toten.« Und ich sehe keine Veranlassung, Ihnen einen so wichtigen Grund, Christ zu werden, zu verschweigen.

10. Es gibt viel zu tun

Ich habe das Paradoxe gefunden: Wenn ich liebe, bis es wehtut, dann ist da kein Schmerz mehr, sondern nur noch mehr Liebe. Als ich das Stückchen Leben hielt und fütterte, das ein abgetriebenes Baby war, als ich die Hand eines Mannes hielt, der an Krebs starb, und sein Vertrauen und seine Dankbarkeit fühlte, konnte ich Gottes Liebe sehen, fühlen und anfassen, die Liebe, die von Anfang an bestanden hat. Mutter Teresa

Was ihr getan habt einem unter diesen meinen geringsten Brüdern, das habt ihr mir getan. Matthäus 25,40

Die Welt, wie sie ist, läßt viel zu wünschen übrig. Obwohl es vieles Schöne in ihr gibt, sehen wir doch auch ungeheuer viel Negatives. Umweltverschmutzung, Haß und Krieg zwischen Völkern, Unversöhnlichkeit unter ehemaligen Freunden, Scheidungen, Hunger, Drogenabhängigkeit und viele andere Probleme zeigen, wie kaputt die Welt eigentlich ist.

Wir sollen Gottes Mitarbeiter sein

Wenn ein Mensch Christ wird, dann soll er sofort in die Hilfstruppe Gottes eintreten. Die Hilfe, die wir von Gott erfahren haben, sollen wir anderen zuteil werden lassen. Die Versöhnung mit Gott, die wir erfahren haben, soll sich auswirken in unseren Beziehungen mit anderen Menschen. Es gibt wirklich viel zu tun in dieser Welt.
Und es werden Menschen gesucht, die frei sind von sich selbst. Die sich so sehr geliebt wissen, daß sie Liebe weitergeben können, ohne nach dem Lohn zu fragen. Die so viel Geborgenheit erfahren haben, daß sie anderen Geborgenheit weitergeben können.
Das Problem in unserer Welt besteht ja im Tiefsten nicht darin, daß es nicht genug soziale Projekte und Hilfsinitiativen gäbe. Das Problem ist vielmehr der Mensch selbst.
Ich habe in Ländern der Dritten Welt immer wieder erlebt, wie Hilfsgüter, die ins Land gesandt wurden, die Verhungernden

nicht erreichten, weil die Zollbeamten sie nicht ohne langes Warten und Unsummen von Schmiergeldern passieren ließen. In der Zwischenzeit verhungerten und starben Menschen, obwohl die Hilfe so nahe war. Sie scheiterte an der Gier weniger, die selbst genügend hatten.

Menschen brauchen Hilfe von Menschen

Aber wir brauchen gar nicht bis in die Dritte Welt zu schauen, um zu sehen, wo dringend Hilfe gebraucht wird. Auch bei uns leben Menschen ohne Obdach auf der Straße. Auch bei uns prostituieren sich Frauen, um ein Einkommen zu haben. Auch bei uns sterben Menschen in Einsamkeit.
Einer meiner besten Freunde war Arzt auf einer AIDS-Station. Er berichtete, daß er viele Patienten hatte, die schon Wochen vor dem klinischen Tod den sozialen Tod gestorben waren. Keiner der Familienangehörigen besuchte sie. Auch keiner der Freunde und Bekannten. Die Mitarbeiter im Krankenhaus waren die einzigen Menschen, mit denen sie noch Kontakt hatten.

Jesus sucht Leute, die dienen können

Es gibt viel zu tun. Man braucht nur die Augen aufzumachen, um das zu entdecken. Die Aufgaben sind so groß und vielfältig, daß man darunter zusammenbrechen kann. Oder verzweifeln, weil sie gar nicht zu bewältigen sind.
Jesus sucht Leute, die sich von ihm an die Brennpunkte der Welt senden lassen und die anpacken, wo es nötig ist. Natürlich kann nicht jeder alles tun. Wir sind begrenzt in unserer Zeit, in unserer Kraft, in unseren Möglichkeiten. Es muß auch nicht jeder alles tun. Aber wir werden gebraucht. Und Gott hat einen Platz für jeden, den nur er oder sie ausfüllen kann.
Ein Christ ist ein Gesandter. Jesus hat uns mit Gott versöhnt, uns unsere Schuld vergeben und uns mit seinem Geist erfüllt, damit wir in seinem Namen in die Welt gehen. Christen sind die Repräsentanten Jesu Christi. Wie er sollen wir in dieser Welt Gottes Herrschaft ausbreiten.
Als der auferstandene Jesus seinen Jüngern erschien, beauftragte er sie sofort: *Friede sei mit euch! Wie mich mein Vater*

gesandt hat, so sende ich euch! (Johannes 20,21). Zuspruch des Friedens, Zuspruch der Vergebung für die Vergangenheit und Auftrag für die Zukunft gehen bei Jesus immer zusammen. Er befreit uns aus den falschen Bindungen unseres Lebens und macht uns so frei, in seinem Namen in die Welt zu gehen und Gott zu dienen. Deshalb ist es immer Teil einer echten Umkehr zu Gott, daß wir von da an nach seinem Willen fragen und ihn tun.

Gesandt wie Christus

Jesus hat in seiner berühmten Rede in Nazareth sein Lebensprogramm dargelegt. Er las einen Abschnitt aus dem Propheten Jesaja, der beschreibt, was geschieht, wenn Gott neu in die Welt eingreift und die Dinge wieder zurechtrückt: *Der Geist des Herrn ist bei mir, weil er mich gesalbt hat, den Armen das Evangelium zu verkünden. Er hat mich gesandt, zu predigen den Gefangenen, daß sie los sein sollen, und den Blinden, daß sie sehend werden, und den Zerschlagenen, daß sie frei und ledig sein sollen, zu verkündigen das Gnadenjahr des Herrn* (Lukas 4,18-19; Jesaja 61,1-2).

Das, so sagte Jesus, geschieht durch mein Kommen. Jesus ist der von Gott Gesandte und Gesalbte, der Armen die Gute Nachricht verkündigt, Blinden das Augenlicht bringt, Gefangene befreit, Zerschlagene aufrichtet und Menschen wieder in Kontakt mit Gott bringt.

Diese Aufgabe hat er seinen Jüngern übertragen. Und damit auch uns, wenn wir ihm nachfolgen.

Gott sieht die, die niemand sieht

Gott interessiert sich in besonderer Weise für die Armen, die Blinden, die Zerschlagenen, Unterdrückten, die Gefangenen und Hoffnungslosen, die Kranken und Alten, die Verzweifelten und die Sterbenden. Im Alten Testament finden wir viele Gebote, die die Rechte der Witwen und Waisen, der Armen und Ärmsten, der Ausländer und der Entrechteten schützen sollen.

Jesus sagt in seiner oben zitierten Rede vom Weltgericht, daß es darauf ankommt, was wir seinen geringsten Brüdern getan

haben (Matthäus 25,31-46). Er wird uns einmal fragen, ob wir die Hungernden gespeist haben, die Durstigen getränkt und die Fremden beherbergt. Er wird uns fragen, ob wir die Nackten bekleidet und die Kranken und Gefangenen besucht und ihnen geholfen haben.
Gott ist für die Menschen. Er will sie heilen, befreien und beschenken. Wir sollen als seine Leute mithelfen, daß sein Wille geschieht. Er sendet uns, wie Jesus, seine Botschaft zu verkündigen und seine Heilung weiterzugeben.
Gott sucht Soldaten für seine Armee der Hilfe. Er sucht Boten, die seine Botschaft bis an die Enden der Erde tragen. Denn es geht nicht nur um soziale Hilfe. Die Botschaft von Jesus, dem Brot des Lebens, soll jeden erreichen, zusammen mit dem Brot für den hungrigen Körper. Überall sollen Menschen den Weg zu Gott finden können. Alle sollen wissen, daß Jesus der Herr ist, der sie liebt. Der für sie gestorben und auferstanden ist.
Jesus sandte seine Jünger aus: *Geht hin und macht alle Völker zu Jüngern. Tauft sie auf den Namen des Vaters, des Sohnes und des heiligen Geistes. Und lehrt sie halten alles, was ich euch befohlen habe. Und siehe, ich bin bei euch alle Tage bis an das Ende der Welt* (Matthäus 28,18-20).

Menschen brauchen Jesus

Menschen leben ohne Hoffnung. Sie erwarten nichts mehr vom Leben, weil sie zu oft enttäuscht worden sind. Gerade sie brauchen Jesus, der die Hoffnung ist.
Menschen leben ohne Frieden. Äußerlich und innerlich. Sie brauchen Jesus, der ihnen Gottes Frieden gibt.
Menschen sind allein. Sie warten auf jemanden, der sie besucht und Anteil an ihnen nimmt. Jesus will bei ihnen einkehren als Freund und Begleiter. Wir können ihnen den Zugang zu Jesus eröffnen.
Menschen sterben in Einsamkeit. Keiner ist da, der ihre Hand hält. Jesus will ihnen durch uns nahe kommen.
Überall warten Menschen auf Boten der Liebe Gottes. Jesus sucht Leute, die seine Boten werden. Er sucht Menschen, die sich für ihn öffnen, so daß seine Liebe in ihnen Gestalt annehmen kann.

Es gibt viel zu tun

In allen Bereichen des Lebens sind Menschen nötig, die im Namen Jesu Christi die Probleme anpacken, die da sind. Ich will nur beispielhaft einige Bereiche nennen, in die Jesus uns senden möchte. Wir brauchen Christen als Lehrer in den Schulen, die den Kindern und Jugendlichen echte Vorbilder und Ansprechpartner sein können. Wir brauchen Christen in der Medizin, die im Patienten nicht nur einen Fall sehen, sondern einen wertvollen Menschen, in Gottes Ebenbild geschaffen. Wir brauchen Christen in der Wirtschaft, die den Mut haben, Ehrlichkeit und Offenheit um Jesu willen durchzuhalten, auch wenn das wirtschaftliche Nachteile bedeutet. Wir brauchen Christen in der Politik, die es wagen, die Maßstäbe der Bibel auch in diesen Bereichen ernst zu nehmen. Die nicht für die eigene Ehre oder in ihre eigene Tasche arbeiten, sondern wirklich für das Gemeinwohl. Wir brauchen Christen in Kunst, Kultur und den Medien, die gute Arbeit leisten und gleichzeitig als Jesusmenschen das mit einbringen, was Jesus wichtig ist: Wahrheit, Schönheit, Reinheit, Freude und Liebe. Wir brauchen Christen in den sozialen Brennpunkten, die außer ihrem Know-how auch ihre Liebe zu Jesus mitbringen und einsetzen; die — vom Heiligen Geist erfüllt — versuchen, Menschen ganzheitlich zu helfen, ihnen zu dienen und sie gleichzeitig in Kontakt mit Gottes Liebe und Kraft zu bringen. Wir brauchen Christen in allen Berufen und Aufgaben, weil Jesus Christus Herr über alles ist. Als seine Zeugen sollen wir ganz »in dieser Welt« leben, ohne aber uns von den Wertmaßstäben dieser Welt einfangen und prägen zu lassen. Es gibt viel zu tun. Weil Gott alles für uns getan hat, dürfen wir alles für ihn einsetzen. Nicht aus Krampf oder Schuldgefühlen heraus, sondern aus Dankbarkeit für Jesus.

Leben aus Dankbarkeit

Dann wird auf unserem Tun der Segen Gottes liegen, egal, was wir in seinem Namen tun. So umfassend ist Gottes Herrschaft, daß sie alle Bereiche unseres Lebens umfassen will. Paulus schreibt: *Alles, was ihr tut mit Worten oder mit Werken, das tut alles im Namen des Herrn Jesus, und dankt*

Gott dem Vater durch ihn (Kolosser 3,17).
Friedrich von Bodelschwingh, der große Sozialreformer und väterliche Helfer für viele benachteiligte Menschen, kannte diese Kraftquelle der Dankbarkeit. Er faßte diese Erfahrung seines Lebens in den Worten zusammen: »Dank und Liebe sind die Mächte, die mehr Siege erringen als alle Heere der Welt.«

Es gibt für Sie viel zu tun

Auch das ist ein Grund, Christ zu werden: Gott braucht Sie. Laufen Sie nicht weg vor Ihrer Aufgabe, vor der Berufung, die Gott auf Ihr Leben gelegt hat. Sie haben nur dieses eine. Und das ist ungeheuer wichtig.
Der bekannte englische Cricketmeister Charles Studd verschenkte zur Empörung der ganzen feinen Gesellschaft Englands sein gesamtes großes Vermögen, das er geerbt hatte, und ging als Bote Jesu zunächst für viele Jahre nach Asien und später — als alter, kranker Mann — noch nach Innerafrika. In den Augen der Welt war er ein Narr, der sein Leben wegwarf. In den Augen Jesu aber war er ein Edelstein. Sein Wahlspruch war: »Wenn Jesus Christus Gott ist und für mich gestorben ist, dann kann kein Opfer, das ich für ihn bringe, zu groß sein.«
In einem seiner letzten Briefe drückte er es so aus: »Only one life that will soon be past. Only what's done for Jesus will last.« — »Nur ein Leben, das bald vergeht. Nur, was für Jesus getan ist, besteht.«
Im Auftrag des größten Königs, Jesus, gibt es viel zu tun. Packen wir es an!

Drei Schritte zu Jesus Christus

Zehn gute Gründe, Christ zu werden, habe ich genannt. Vielleicht hat Ihnen der eine mehr eingeleuchtet als der andere. Wenn Sie so weit gelesen haben, möchte ich Sie konkret einladen, Christ zu werden.

Christsein heißt: Leben in der bewußten Gemeinschaft mit dem Gott, der Sie erschaffen hat. Und der für Sie am Kreuz den Tod geschmeckt hat, damit Sie ewig leben können.

Beten Sie zu ihm. Danken Sie ihm für seine Liebe. Bekennen Sie ihm das, was Ihnen an Schuld in Ihrem Leben bewußt ist. Und dann nehmen Sie seine Vergebung und Erlösung an. Seine Zusage gilt: *Wer zu mir kommt, den werde ich nicht von mir stoßen!* (Johannes 6,37).

Christsein heißt: Leben unter der Herrschaft Jesu Christi. Christwerden ist dieser Herrschaftswechsel. Sie geben die Besitzerrechte Ihres Lebens an Jesus Christus ab. Er hat Sie mit seinem Blut erlöst. Sie sind sein Eigentum.

Drücken Sie das im Gebet aus. Übergeben Sie Jesus Christus die Herrschaft in Ihrem Leben. Anerkennen Sie ihn als Herrn der Herren und König der Könige und als Ihren persönlichen Herrn. Sagen Sie sich von allen falschen Götzen und Mächten in Ihrem Leben los. Treten Sie so ganz auf die Seite Jesu. Sein Versprechen gilt: *Mir ist gegeben alle Gewalt im Himmel und auf Erden . . . Und siehe, ich bin bei euch alle Tage bis an das Ende der Welt* (Matthäus 28,18-20).

Christsein heißt: Leben aus der Fülle des Heiligen Geistes. Jesus hat ihn gesandt als Tröster, Helfer und Freund. Er will in Ihnen eine Quelle der Kraft, der Freude und der Liebe zu Gott sein. Bitten Sie Jesus, Sie mit seinem Geist zu erfüllen. Öffnen Sie alle Bereiche Ihres Lebens für Jesus. Drücken Sie Ihre Bereitschaft aus, daß er Sie senden und leiten kann. Die Verheißung Jesu steht: *Wer an mich glaubt, von dessen Leib werden Ströme lebendigen Wassers fließen* (Johannes 7,37-38). Gott hat Sie durch Jesus angenommen. Daran brauchen Sie nie mehr zu zweifeln.

Wie geht es weiter?

Ein Christ gehört in die Gemeinschaft der Christen. Suchen Sie andere, die mit Ihnen auf dem Weg sind.
Ein Christ lebt aus dem Wort Gottes. Fangen Sie an, das Neue Testament durchzulesen und wenden Sie das Gelesene auf sich an.
Ein Christ bleibt im Kontakt zu Christus. Alles, was Sie bewegt, können Sie im Gebet zu Gott bringen. Er wird mit Ihnen weiter im Gespräch bleiben.
Das Leben fängt ja gerade erst an.

Literaturhinweise

Arnold, Eberhard: Am Anfang war die Liebe. Dokumente, Briefe und Texte der Urchristen, Coprint Wiesbaden 1986

Gerhardson, Birger: Die Anfänge der Evangelientradition, R. Brockhaus Wuppertal 1977

Gerhardt, Richard und Werner, Roland: Tausend und eine Geschichte. Abenteuerliche Begegnungen im Orient, Hänssler Neuhausen 1990

Green, Michael: World on the run, Intervarsity Press Leicester 1983

Green, Michael: The Day Death Died, Intervarsity Press Leicester 1983

Komp, Diane: Fenster in den Himmel. Wie Kinder im Tod das Leben sehen. Mit einer Einführung von Elke Werner, Aussaat Neukirchen-Vluyn 1990

Parzany, Ulrich: Jesus der Moslems, Jesus der Christen. Das Wichtigste aus Bibel und Koran zum Gespräch mit Moslems, Aussaat Neukirchen-Vluyn 1968

Spieß, Jürgen: Ist Jesus auferstanden? miniporta, Studentenmission Deutschland, Marburg 1987

Wenham, John: Das Rätsel Ostern. Was zwischen Karfreitag und Ostersonntag wirklich geschah, Coprint Wiesbaden 1985

Werner, Roland: Christwerden, Menschsein. miniporta, Studentenmission Deutschland, Marburg 1990

Werner, Roland: Jesus bedeutet Freiheit. Die Botschaft des Kolosserbriefes für junge Leute, Aussaat Neukirchen-Vluyn 1989

Werner, Roland: Jesus folgen. Anstöße zum Christsein, Aussaat Neukirchen-Vluyn 1988